रूबरू : लक्ष्मीकान्त

(लक्ष्मीकान्त वर्मा की नवीनतम् कविताओं का संग्रह)

रूबरू : लक्ष्मीकान्त

(लक्ष्मीकान्त वर्मा की नवीनतम् कविताओं का संग्रह)

लक्ष्मीकान्त वर्मा

लोकभारती

15-ए , महात्मा गांधी मार्ग, इलाहाबाद-1

लोकभारती प्रकाशन
15-ए , महात्मा गांधी मार्ग
इलाहाबाद-1 द्वारा प्रकाशित

❖

प्रथम संस्करण : 2004

❖

लेजर-टाइपसेटिंग
एस-स्क्वायर कम्प्यूटर्स
इलाहाबाद-16

❖

इण्डियन प्रेस प्रा० लिमिटेड
इलाहाबाद-1 द्वारा मुद्रित

मूल्य : ₹400

पहली पंक्ति

रूबरू लक्ष्मीकान्त : एक अन्तर्दृष्टि

लक्ष्मीकान्त वर्मा का प्रस्तुत काव्य संकलन 'रूबरू : लक्ष्मीकान्त' उनकी काव्य-यात्रा की अन्तिम परिणति है। नयी कविता के परिसर में लक्ष्मीकान्त वर्मा का कवि व्यक्तित्व सबसे अलग किस्म के विकास की छाप छोड़ता है। यों तो उनके कवि व्यक्तित्व को केवल उनकी कविताओं के माध्यम से समाकलित नहीं किया जा सकता। वे एक बड़े आलोचक और बड़े उपन्यासकार भी हैं। विधाएँ तो उन्होंने और भी अपनी अभिव्यक्ति के लिए उपयोग में लायीं हैं, किन्तु आलोचना, उपन्यास और काव्य में उनका सर्जनात्मक व्यक्तित्व अधिक गहराई और व्यापकता के साथ अभिव्यक्त हुआ है। इन तीन साहित्यिक विधाओं को और गहरी समृद्धि और संगति प्राप्त हुई है, उनके चित्रकार व्यक्तित्व से। रंगों और तूलिका का प्रयोग भी उन्होंने अपने जीवन में भरपूर किया है। इस पृष्ठभूमि को ध्यान में रखते हुए लक्ष्मीकान्त वर्मा की काव्य संवेदना के विकास को जब हम परिभाषित करने का प्रयास करेंगे तो हमें एक साथ उनके आन्तरिक तत्त्वों और वाह्य परिवेश पर अपनी दृष्टि डालनी पड़ेगी।

लक्ष्मीकान्त का सृजनशील मन एक विस्फोटक ऊर्जा से ओत-प्रोत है। वह समाज की घिसी-पिटी लकीरों को स्वीकार करने के लिए तैयार नहीं है। जहाँ उसे भारत की परतन्त्रता की चुभन थी और वह उस संग्राम में जुट जाना चाहता था जो भारत की आजादी के लिए चल रहा था, तो वहीं उसे समाज की विषमताएँ और पीड़ाएँ भी सताती थीं। अच्छे खाते-पीते परिवार में उनका जन्म और पालन-पोषण हुआ था। इलाहाबाद विश्वविद्यालय में उनकी शिक्षा हो रही थी, किन्तु उनकी सृजनशीलता और समाज चेतना ने उन्हें विवश किया कि वे भागकर बंगाल जायें, जहाँ अंग्रेजों द्वारा आरोपित दुर्भिक्ष का कहर टूट रहा था और वे समाज के लिए कुछ करना चाहते थे। वहाँ से लौटे तो भागकर वर्धा गये, जहाँ से गांधी जी के नेतृत्व में एक नये भारत की संकल्पना को चरितार्थ करने का प्रयास चल रहा था। परन्तु अन्ततः लौटकर लक्ष्मीकान्त जी इलाहाबाद आये, जहाँ पन्त, निराला और महादेवी के द्वारा अपनी रचनाशीलता से एक नयी साहित्यिक संस्कृति का निर्माण हो रहा था। जहाँ परिमल की स्थापना हो चुकी थी और एक नया काव्यांदोलन नयी कविता के नाम से क्षितिज पर दस्तक दे रहा था। नयी कविता नाम की पत्रिका में लक्ष्मीकान्त जी की अनेक कविताएँ छप कर आयी थीं। परन्तु लक्ष्मीकान्त का पहला महत्त्वपूर्ण काव्य संकलन 'अतुकान्त' के नाम से 1968 ई० में प्रकाश में आया। 'अतुकान्त' की कविताएँ लक्ष्मीकान्त वर्मा के प्रारम्भिक कवि व्यक्तित्व को परिभाषित करने की दृष्टि से बहुत गहरा अर्थ रखती हैं। उन्होंने अपनी भूमिका में कहा है—"इन कविताओं के विषय में मुझे इतना ही कहना

है कि यह मेरी व्यक्तिगत अनुभूतियों का संग्रह है। कहीं-कहीं इसमें पूरा परिवेश हमारे साथ रहा है, कहीं-कहीं मैं बिल्कुल अकेला रह गया हूँ। जहाँ परिवेश ने मेरी अनुभूति को गहराई दी है वहाँ मैं उसका ऋणी हूँ, लेकिन जहाँ मैं बिल्कुल अकेला रह जाता हूँ, वहाँ किसी को दोषी नहीं ठहराता क्योंकि अन्ततोगत्वा सब छूट जाते हैं। केवल कवि का व्यक्तित्व और स्थितियों का गहनतम् दबाव यही दो शेष बचते हैं। उस साक्षात्कार की अभिव्यक्ति कठिन भी है और जटिल भी और वहीं कवि के व्यक्तित्व की परख भी होती है।'' (भूमिका—अतुकान्त)

कवि व्यक्तित्व के परख की जिस कसौटी की चर्चा लक्ष्मीकान्त जी ने इन पंक्तियों में की है, वह कसौटी आजीवन उनके काव्य के लिए निरन्तर बनी रही। वह कसौटी है—आत्मसाक्षात्कार की कसौटी। चाहे हम 'अतुकान्त' की कविताओं को देखें या 'तीसरा पक्ष' की अथवा परवर्ती दौर की 'दीप देहरी द्वार' की कविताओं को। सबसे बड़ी कसौटी लक्ष्मीकान्त जी के लिए आत्म साक्षात्कार की कसौटी ही रही।

पहले दौर की कविताओं में उनकी अनुभूतियाँ, उनके अभावों, संघर्षों और पारिवारिक, आर्थिक, सामाजिक कठिनाइयों में से जन्म लेती थीं। वे जिस आर्थिक, सामाजिक स्तर के व्यक्ति थे उनसे निकले हुए नौजवान विश्वविद्यालयों में प्राध्यापन करते थे या सरकारी नौकरियाँ करते थे और उनके बीच अपनी रचनाशीलता को धार देते थे। लक्ष्मीकान्त जी उन्हीं के बीच रहते थे, उन्हीं जैसी कविताएँ लिखते थे, आलोचना और उपन्यास लिखते थे, तूलिका से फलक पर रंग भरते थे, किन्तु कोई नौकरी नहीं करते थे। जीविका की कोई बनी-बनाई प्रणाली उनके पास नहीं थी। इसीलिए उनके घर का स्टोव कभी ठंडा हो जाता था तो उनके भीतर एक कसक कविता बनकर निकल आती थी, क्योंकि उनके भीतर सदा एक लघु अस्तित्व की सार्थक माँग झनझनाती रहती थी। परन्तु जिन्दगी की उस कड़ुवाहट को भी वे एक सर्जनात्मक परिणति देना चाहते थे। उस दौर में उन्होंने लिखा था—

''कड़ुआहट अपने में ही एक अर्थ है
सम्भाव्य है उस सन्तुलन का
जिसकी अभिव्यक्ति
एक नयी अभिरुचि में
अवतरित हो
हमें परिशोधित सन्दर्भों से जोड़ती है
तोड़ती है आयाचित, असन्तुलित अंशों से
और यह टूटने की पीड़ा
सृजन की पीड़ा
सन्दर्भों से अलग
अकेलेपन की पीड़ा

संवेदना है

हमारे वृत्तों के अर्थों की।'' (पृष्ठ 9)

प्रारम्भिक दौर में भी लक्ष्मीकान्त में इस प्रकार का आत्म परिशोधन का तत्त्व था। परन्तु उस दौर के कविताओं में आक्रोश और पीड़ा की छटपटाहट अधिक थी। 'तीसरा पक्ष' तक आते-आते लक्ष्मीकान्त जी की काव्य संवेदना अधिक व्यापक रूप लेने लगती है। वे अपने व्यक्तित्व की परिधि का अतिक्रमण करते हैं और समाज के दुखियों, वंचितों और पीड़ितों के साथ खड़ा होते हैं। उनका पक्ष अपना पक्ष नहीं होता, दूसरों के लिए खड़ा होकर एक व्यापक सामाजिक समता की लड़ाई वे लड़ना चाहते हैं। जहाँ भी शोषण है, असमानता है, उत्पीड़न है, वहाँ लक्ष्मीकान्त का पक्ष विषमता भोगते हुए उत्पीड़ित मानवता का पक्ष है। वही दौर है जब उनकी निकटता समाजवादी चिंतन से जुड़े लोगों से अधिक गहरी थी। वे लोहिया और जय प्रकाश नारायन के साथ कन्धे से कन्धा मिलाकर खड़े थे।

लक्ष्मीकान्त वर्मा के काव्य संवेदना का अगला विकास आत्मदान और आत्म विसर्जन का है। उनके काव्य संकलन 'दीप देहरी द्वार' की कविताएँ एक नये क्षितिज के उन्मीलन की कविताएँ हैं। इस दौर की कविताओं को लिखते समय वे एक अद्‌भुत सौम्यता का धरातल अर्जित कर लेते हैं। उनकी कविताओं में वह पुराने आक्रोश और उत्पीड़ित मन की झलक अब नहीं दिखती। 'अतुकान्त', 'तीसरा पक्ष' और 'धुँए की लकीरें' की कविताएँ अब बहुत पीछे छूट चुकी होती हैं। धीरे-धीरे लक्ष्मीकान्त जी का कवि मानस आध्यात्मिकता की ओर मुड़ता है। उनकी रचना 'कंचन मृग' उसी जमीन की अभिव्यक्ति है। 'दीप देहरी द्वार' की छोटी-छोटी कविताएँ उनके आलोकित मन की रश्मियों को बिखेरती चलती हैं। वे लगभग एक भक्त कवि की भूमिका में उतरते से प्रतीत होते हैं, किन्तु लक्ष्मीकान्त जी भक्त कवि नहीं हैं, न हो सकते हैं। उनकी संवेदना में तो आत्मविसर्जन का भी तत्व आयेगा तो वह रागात्मक ही होगा। एक कविता में वे लिखते हैं—

''यदि शरीर का एक लय है
तो अंगों का एक राग भी है।
लय तो वह निरन्तरता है जिसमें
राग एक क्षणिक हस्तक्षेप से
सब कुछ बदल देता है।'' (पृष्ठ 46)

'दीप देहरी द्वार' लक्ष्मीकान्त जी की एक लम्बी बीहड़, अतुकान्त कविता-यात्रा का लगभग अन्तिम पड़ाव माना जा चुका था, कि लक्ष्मीकान्त जी ने जाते-जाते एक सवर्था नये मिज़ाज की सैकड़ों कविताओं की एक मंजूषा छोड़ गये। यही उनकी अन्तिम काव्य-मंजूषा है, जिसका नाम उन्होंने 'रूबरू: लक्ष्मीकान्त' दिया है। आत्म साक्षात्कार की अनेक मुद्राएँ, अनेक छवियाँ, अनेक भंगिमाएँ उन कविताओं में पाठक

को आन्दोलित, चकित और विचलित करती हैं। अपने अन्तिम दिनों में वे लगातार अपने भीतर देख रहे थे। अपने उन समस्त छाया रूपों को आँख गड़ा-गड़ाकर देख रहे थे, जिन्हें देखने से सामान्यतः लोग परहेज करते हैं, बचना चाहते हैं। समाज द्वारा उन्हें कितना देखा गया, परखा गया, नहीं देखा गया, नहीं परखा गया, यह सब वे रेशे-रेशे उधेड़कर देखते हैं। वे स्वयं से रूबरू हैं। वे रूबरू लक्ष्मीकान्त हैं। किसी जमाने में जब उन्होंने यह लिखा था—'आदि से अन्त तक केवल अतुकान्त श्री श्री श्री लक्ष्मीकान्त', तो कौन सोचता था कि जीवन के अन्तिम चरण में भी लक्ष्मीकान्त जी स्वयं से इस कदर रूबरू होने की कोशिश करेंगे।

'रूबरू: लक्ष्मीकान्त' की प्रत्येक कविता आत्मदर्शन की कविता है। किन्तु यह आत्मदर्शन संकुचित आत्मदर्शन नहीं है। समाज की विस्तृत भूमि पर खड़ा एक रचनाकार समाज द्वारा कितना देखा जा सका और कितना अनदेखा रह गया। इसकी गहरी पीड़ा इन कविताओं में झलकती है, किन्तु वह पीड़ा कहीं भी कवि को छोटा नहीं बनाती। लक्ष्मीकान्त जी अपने व्यक्तित्व के गह्वरों में, उसकी अन्तर्वीथियों में विचरण करते हैं। उन गलियों में उन्हें जो आलोक के दीप टिमटिमाते नज़र आते हैं, उन्हें दुनिया ने नहीं देखा, क्योंकि उसके लिए तो उन गह्वरों में उतरना पड़ता जिसमें किसी बाहरी व्यक्ति का प्रवेश संभव ही नहीं था, किन्तु लक्ष्मीकान्त जी जब उन प्रकाश पुंजों को आँखें फाड़-फाड़कर देखते हैं तो उन्हें निश्चय ही यह कसक विचलित करती है कि काश दुनियाँ की आँखें भी इन प्रकाश पुंजों को देखीं होती। यह कसक उनकी अनेक कविताओं में झलकती है। दुनिया ने उनके सृजन के बड़े हिस्से को अनदेखा किया। किन्तु उन्हें बराबर लगता रहा कि वे कोरे कागज को सार्थक करने में लगे रहे।

''क्यों कागज खराब करते हो? कुछ और करो।''
लक्ष्मीकान्त सहम गये।
कुछ देर बाद उनके कवि मन ने कहा :
''तुमने उस कोरे कागज को सार्थक किया
रुको मत इस प्रवाह को चलने दो।''
कुछ देर सुनते रहे लक्ष्मीकान्त
फिर एक रेखा और खींची,
दो रेखाओं से कुछ नहीं बनता
एक तीसरी रेखा खींचो
नहीं तो ये रेखाएँ निरर्थक होंगी।

यह सार्थकता और निरर्थकता का द्वन्द्व लक्ष्मीकान्त जी की सृजनशीलता का सबसे बड़ा द्वन्द्व है। वे जीवन भर सृजनधर्मी रहे। कविता, उपन्यास, आलोचना, नाटक सभी विधाओं में उन्होंने प्रचुर लेखन किया, किन्तु कविता उनकी सबसे आत्मीय और

प्रामाणिक विधा रही है। जैसे-जैसे उनका व्यक्तित्व उन्मेलित होता गया वैसे ही वैसे उनकी कविता की दुनिया भी खुलती चली गयी। पहले उन्होंने बाहर के संसार को खुली-खुली आँखों से देखा, किन्तु संघर्षों ने बजाय उन्हें कड़ुवा बनाने के आत्मोन्मुख, उदात्त और प्रणत बनाया। वे जीवन में भी आस्थापरक होते चले गये और अपने काव्य में भी। परन्तु एक पीड़ा कहीं न कहीं उन्हें कचोटती रही कि उनके सृजन को लोगों ने पहचाना क्यों नहीं? रेखांकित क्यों नहीं किया? प्रस्तुत संकलन की कविताएँ इस कचोट को तो व्यक्त करती ही हैं, किन्तु उस आत्मविश्वास को भी पूरी आत्मीयता से छलकाती हैं, जो कि उनकी अन्तर्वेदना से छने हुए अमृत जैसा है।

''कटोरे से दूध लिए
एक बच्चे को पिला रहे हैं लक्ष्मीकान्त
पर आँखों में आँसू हैं इतने
कि खत्म ही नहीं होता था दूध।
दूध बताशे तो नहीं थे कटोरे में—
पर खारे आँसू थे।''

वे जीवन भर कटोरे में दूध लिए एक बच्चे को पिलाते रहे और जीवन भर उनके आँखों के आँसू उस कटोरे के दूध को जलमय बनाते रहे।

लक्ष्मीकान्त का जीवन एक कठिन तपस्या का जीवन रहा है। वे सदा अपनी हड्डियों को गलाते रहे किन्तु भूमिका उनकी दधीचि की रही है इसीलिए उन्हें कभी भी यह नहीं लगा कि वे पराजित हो रहे हैं अथवा हो सकते हैं।

जब वे कहते हैं—

''इसी असंभव को संभव बनाने में
बूँद बूँद 'रक्त दान' करते रहे
यानी वही लक्ष्मीकान्त जो बड़े-बड़े
युद्ध शिविरों में पराजित नहीं हुए
पर अपनी ही अपराजेय विवशता में
समूचे चूर-चूर होकर भी
साबुत बचे रहे।
और अब
अपने ही चक्रव्यूह की
परकाया में प्रवेश में
अपने ही को तोड़ रहे।''

इस प्रकार की पंक्तियाँ 'रूबरू: लक्ष्मीकान्त' नाम के इस संकलन में भरी पड़ी हैं। जिनमें एक स्वर आत्मविश्वास का है, तो दूसरा स्वर अपराजेय विवशता का। जिनमें

एक ओर एक गहरी कचोट और पीड़ा है कि उनके सृजनशील आलोक स्तम्भ को समाज ने क्यों नहीं देखा और परखा तो दूसरा स्वर एक बेलौस दूरगामी विश्वास का भी है कि काल के लम्बे परिप्रेक्ष्य में एक-न-एक दिन लक्ष्मीकान्त की सृजनधर्मिता को अवश्य पहचाना जायेगा और उसके निर्मल आलोक को पाठक अपने अन्तस में उतारेगा।

लक्ष्मीकान्त अपनी कविताओं के युद्ध क्षेत्र में लहूलुहान इस तरह एक छोर से दूसरे छोर तक दौड़ते नज़र आते हैं कि पाठक उनके अस्त-व्यस्त रक्तस्नात व्यक्तित्व से अक्सर स्तम्भित होने लगता है। कहीं वे अपने बारे में लिखते हैं—

''अन्धे नहीं थे लक्ष्मीकान्त
सैकड़ों मौत के फन्दों से गुजरने के बाद
उन्हें सारे तुक बेतुके लगे थे
इसीलिए हो गये खुद-ब-खुद बेतुके।''

कवि का प्रारम्भिक अतुकान्तता का स्वर जीवन के थपेड़े खा-खा करके और सैकड़ों मौत के फन्दों से गुजरने के बाद जिस बेतुकेपन की परिणति तक पहुँचता है, वह कोई साधारण परिणति नहीं है, जिन्दगी को ज़ार-ज़ार बिखेर देने वाली मर्मान्तक परिणति है। उनकी चेतना में केवल एक भयावह आत्मदर्शन ही नहीं है, बल्कि देश और काल के गहरे मूल्यों और उनकी दुखद परिणतियों को भी बेज़ार और बेबस नज़र से देखने का भाव है। वे लिखते हैं—

''गांधी के देश में बुश का राज हो रहा है
हिंसा पर हिंसा का यह नया सुराज हो रहा है
खो गया गांधी का स्वराज और
लोहिया की सप्त क्रान्ति
जय प्रकाश की सम्पूर्ण क्रान्ति
भटक रहे हैं लक्ष्मीकान्त कि कहाँ जायें?
हर जगह तो जल रहा है प्रतिहिंसा का अभाव,
सब हैं खामोश, और जल रहा है आदमी''

इन पंक्तियों में व्यक्त पीड़ा किसी कवि की अपने निजी जीवन के अभावों और संघर्षों की पीड़ा नहीं है, बल्कि एक ऐसे कवि की पीड़ा है जो अपने जीवन के युवा काल से ही देश और समाज को बेहतर बनाने के लिए निकल पड़ा था। जो सन् 42 की क्रान्ति में लोहिया और जय प्रकाश से जुड़ा था और वर्धा में जाकर गांधी के आचरण और दर्शन का साक्षात्कार किया था। इसीलिए लक्ष्मीकान्त की कविताओं में लगातार उदासी की गहरी गुफाओं में उतरते चले जाने की स्थितियाँ नज़र आती हैं। वे अपने बारे में लिखते हैं—

''अन्धी नसल के अन्धे पिता लक्ष्मीकान्त

जिस भी कुएँ में गिरे कुआँ सूख गया।''

लक्ष्मीकान्त वर्मा की ये कविताएँ पाठक को केवल अवसाद और निराशा के गह्वरों में ही नहीं गिराती। वे गह्वर तो वहाँ हैं ही और इस हद तक हैं कि कवि अपने से इस प्रकार का सवाल पूछने लगता है—

''कि तुम जन्म से पहले ही मरना चाहते हो

या जन्म लेने के बाद''

पर इस निराशा, हताशा और अवसाद की पर्तों को चीरता हुआ एक ऐसा भी स्वर है जो एक गहरों आश्वस्ति का आधार है। वे कहते हैं—

''नहीं जानते लक्ष्मीकान्त

इस पिंजरे की मैना—

कब और किस दिन उड़ जायेगी

और यादगार रहेगा केवल एक ठाठर

जिसे कहते हैं मिट्टी,

और जिस मिट्टी को सभी चाहते हैं,

अकारथ न जाय—

पूरी की पूरी स्वारथ हो जाय।''

इन पंक्तियों में कितनी बड़ी आश्वस्ति का भाव है। 'स्वारथ' का यह प्रयोग अद्भुत है। जैसे सम्पूर्ण अर्थ को 'स्व' में विलीन कर लेने का भाव। यह आश्वस्ति का स्वर लक्ष्मीकान्त की कविताओं में यत्र-तत्र गहरे सुनाई पड़ता है। कुछ कविताएँ तो बेहद अर्थगर्भी और मार्मिक हैं। जैसे—

''झूठ बोलते-बोलते थक गये हैं लक्ष्मीकान्त

*　　　　*　　　　*

वैसे बहुत अस्वस्थ नहीं हैं लक्ष्मीकान्त

केवल झूठ बोलते-बोलते थक गये हैं।''

'रूबरू : लक्ष्मीकान्त' लक्ष्मीकान्त वर्मा के सर्जनात्मक व्यक्तित्व का निचोड़ है और यह निचोड़ उसी तरह मूल्यवान है जिस प्रकार हम किसी फूल का सत् निकालते हैं और वह सत् अपने स्पर्श मात्र से हमे गन्ध से भर देता है। सारा जीवन सुलगते रहे, कवि का पूरा सर्जनात्मक व्यक्तित्व इन कविताओं में नाना प्रकार के रंग रूपों में, व्यंजनाओं में विभिन्न अर्थ झंकृतियों के साथ फूट पड़ा है। बड़े-बड़े उपन्यासों, आलोचना ग्रन्थों और नाटकों आदि के माध्यम से लक्ष्मीकान्त वर्मा को समझना जितना अधिक सम्भव है, उससे अधिक वे इन कविताओं में व्यक्त हुए हैं। एक आस्था की निष्कम्प लौ इन कविताओं को दीपित और आलोकित करती है। कवि के सम्पूर्ण

व्यक्तित्व को समझने के लिए 'रूबरू: लक्ष्मीकान्त' की कविताओं को गहराई से समझना एक अनिवार्य शर्त है और वही उनके प्रति सबसे गहरी श्रद्धांजलि भी। मैं सबसे अधिक धन्यवाद लोक भारती को देना चाहूँगा कि उन्होंने लक्ष्मीकान्त जी की इन कविताओं को उनके निधन के उपरान्त प्रकाशित किया।

—रामकमल राय

सुनो लक्ष्मीकान्त

हर आवाज स्वर मण्डल के
सप्त स्वरों में ही बँधी नहीं होती
पंचम, धैवत और निषाद के बाद
एक अज्ञात स्थान से भी आवाज उठती है
केवल उसी में एक तेजाबी जलन से विदग्ध
कंठ में रस पैदा करने की क्षमता होती है
और वही एक स्वर से दूसरे के बीच कई कोमल
विराम अर्द्धविराम को मानवीय बनाती है।

उसका न कोई ठाट होता है
और न वह किसी बंदिश में बँधती है
वह ठाट और बंदिश के परे होती है
जाने और अनजाने के बीच
वह ढलती आवाज
जब प्रार्थना में बदलती है
तो बीज हँसते हैं, पृथ्वी प्रसवा होती है
प्रकृति माँ होती है
और हमारा संगीत एक धूल भरे शिशु की
तुतलाहट होती है
और उस तुतलाहट में ही
ईश्वर होता है!

❄❄

एक

रोशनी बहुत तेज चलती है
इतनी तेज कि पता ही नहीं चलता
और अँधेरा हो जाता है।

रोशनी चलती ही नहीं
और अँधेरा है कि पीछे पीछे
रोशनी को निगलता जाता है—
एकदम एक साथ समूचा नहीं—
टुकड़ों-टुकड़ों में
और लक्ष्मीकान्त को लगता है
रोशनी थी ही नहीं।

कौन कहे लक्ष्मीकान्त से कि
जब रोशनी थी ही नहीं—
तो अँधेरे का जन्म कैसे हुआ?

कौन बताये :
रोशनी बिना माता-पिता के
पैदा होती है,
और अँधेरे के माता-पिता आतंकी थे—
बलात्कार-पुत्र था अँधेरा,
और अजन्मी थी रोशनी

कहते हैं लक्ष्मीकान्त
अँधेरा लावारिस होता है
और रोशनी का कोई ख़ुदा नहीं होता।

दो

कहते हैं लक्ष्मीकान्त
आदमी न तो हमेशा अच्छा ही बना रहता है।
और न बुरा—
आदमी अच्छे से और अच्छे की ओर बढ़ सकता है
आदमी बुरे से और बुरे की ओर बढ़ सकता है

और बुरे से बुरे यानी बदतर की ओर बढ़ सकता है
आदमी चाहे तो अच्छे से बुरा हो सकता है
और चाहे तो बुरे से अच्छा भी हो सकता है।

आदमी आदमी है,
वह अच्छे से अच्छा हो सकता है।
पर भगवान नहीं बन सकता है
वह आदमी से नये आदमी की ओर बढ़ सकता है
पर वह ठहरा हुआ नहीं रह सकता।

आदमी आदमी है
वह बुरे से ज्यादा बुरा हो सकता है,
पर वह शैतान नहीं बन सकता
वह बुरे आदमी से गिरते गिरते
हद दर्जे का बुरा आदमी हो सकता है
पर वह रुका हुआ नहीं रह सकता।

इसलिए इस युद्ध के ताण्डव के बीच

इस अग्नि-वर्षा और महा-प्रलय के बीच—
आओ-हम सब अच्छे बुरे लोग
आदमी से प्रार्थना करें कि—
वह आदमी ही है और
आदमी ही बना रहे।
एक बार फिर कहते हैं लक्ष्मीकान्त
आदमी को आदमी ही
बने रहने के लिए
आओ आदमी से प्रार्थना करें।

❋❋

तीन

कुछ अजीब होता है वह क्षण
जब लक्ष्मीकान्त को उनकी गहन गुफ़ा से
निकाल कर अपने साथ चलने के लिए
आमंत्रित करते हैं स्वयम् लक्ष्मीकांत।

लक्ष्मीकान्त की आवाज सुनते ही सामने सड़क पर
क़हवाघरों में, घर में, बाहर
सभाओं में, जलसों में, मित्रों और
बीबी बच्चों में मगन रहने वाले लक्ष्मीकान्त
काँप जाते हैं।
कभी कभी अपने ही को रूबरू देख कर डर जाते हैं
सोचते हैं कौन इस आवारा मसीहा के साथ जाय,
कौन कुम्भी नरक की यात्रा के लिए
गंगा, यमुना, सरस्वती में स्नान करने का
ढोंग रचे, और अपने संकल्प विकल्प का
विश्वास बनाये,
और लक्ष्मीकान्त अपने ही रूबरू
अपने को देख काँप जाते हैं।

तभी सामने खड़े लक्ष्मीकान्त अपने पर हँसते हुए कहते हैं :
तुम कवि हो न?
कुछ ऐसा करो—इस कुम्भी नरक से
आग, पानी नरक, वैतरणी को पार करते करते—
ऐसी स्थिति बनाओ कि तुम नहीं
स्वयम् गंगा, यमुना, त्रिवेणी, तीर्थ,

तुम्हारे पास आये
और तुम एक भगीरथ की तरह
गंगा से कहो :
तुमने अब तक
अपने पास आने वालों को तारा है,
अब उन हठी रौ रौ में लिप्त जीवों के पास चलो
जो तुमसे चिढ़ते हैं और
तुम्हें ही एक नये विज्ञान की रचना के लिए
बार-बार प्रेरित करते हैं :

तुम तो पुराने लक्ष्मीकान्त हो
इस लक्ष्मीकान्त को देखो—
जो सब के ज़ख़्म अपने शरीर पर उगाये
एक वज्र ठोठ सा खड़ा है।
और—तभी गहन गुफ़ा वाला लक्ष्मीकान्त
अपने रूबरू के साथ हो लेता है।
पर चेतावनी की भंगिमा में कहता है—
"वह जो तुम्हारे साथ चल रहा है
वह तुम्हारी परछाईं नहीं—
वह स्वयम् मैं हूँ
वही पुराना लक्ष्मीकान्त!"

❄❄

चार

वह (लक्ष्मीकान्त) कृतज्ञता से झुका जा रहा था
बड़े ही बोझिल स्वर में सामने वाले से बोला
मैं (जो तुम्हारे रूबरू हूँ) बड़ा कृतज्ञ हूँ! लक्ष्मीकान्त!
तुमने बड़ी कृपा की।
सामने खड़े लक्ष्मीकान्त डर गये
बोले : तुम बड़े कृतघ्न हो
कृपा तो ईश्वर करता है—
मैं तो आदमी हूँ।
आदमी केवल आदमी की मदद करता है—
लगता है तुम मुझे मार डालना चाहते हो
मैं तुमसे डरने लगा हूँ।''

कृतज्ञ लक्ष्मीकान्त
कृतघ्न लक्ष्मीकान्त पर हावी नहीं हो पाया
कृतज्ञ—शून्य आँखों से आकाश की ओर
टक-टकाई लगाये रहा—
वहाँ न ईश्वर था न आदमी
            और तभी एक धूमकेतु तीर की तरह ऊमड़ा
            और सूर्य में समा गया

लोग कहते हैं: वह एक आदिम पितर था
                        मोक्ष पा गया।
कृतघ्न लक्ष्मीकान्त चुपचाप
देखते रहे
और देखते-देखते उन्हीं के रूबरू
यह सब घटित हो गया।

❄❄

पाँच

रोशनी के साथ-साथ चलना बड़ा मुश्किल है,
पर रोशनी के साथ-साथ चल रहे हैं लक्ष्मीकान्त
और रोशनी जब चलती है तब अपनी गति
तेज कर लेती है—
            और देखिए—
            लड़खड़ा गये लक्ष्मीकान्त।

रोशनी को कमरे से बाहर करना,—
एक-एक कोने के अँधेरे से लड़ना है
बड़ा कठिन होता है अपने घर के अँधेरे से लड़ना।
उलट कर देखा
एक काली बिल्ली के सफेद बच्चे की तरह
रोशनी अँधेरे में रोती है कि—
कितने अज्ञानी हैं लक्ष्मीकान्त
            और देखिए :
            लड़ते-लड़ते टूट गये लक्ष्मीकान्त!

रोशनी कैद भी तो नहीं की जा सकती
क्योंकि पानी की तेज़ धार की तरह
वह छोटे से छोटे दराज़ से
बाहर आ जाती है,
और तब न तो उसे वापस लाया जा सकता है
और न ही बुझाया जा सकता है,
रोशनी को भीगी बिल्ली बनाना भी मुश्किल है
क्योंकि रोशनी जब फैलती है—
तो एक वेग के साथ—
एक धूमकेतु के समान।

यह सब कुछ जान समझ कर
काली बिल्ली के सफेद बच्चे को देख—
हर कोने के अँधेरे से
जूझते, लड़ते, लड़खड़ाते
टूटते मिटते अज्ञानी से दिखते—
परेशान, हैरान—
कितने लाचार हैं लक्ष्मीकान्त!

अपने ही रूबरू
अपने ही से कहते हैं लक्ष्मीकान्त
तुम भी ग़ौर से सुन लो—
लोग कहते हैं कि हर रोशनी की
किरण के साथ दौड़ते दौड़ते हलाकान हैं :
लक्ष्मीकान्त—

पर यह भी सच है
कि जाने कितने वर्षा—आतप के बीच
पैदल ही लड़ते जूझते अँधेरे से
खा गये पैदली मात
श्रीमान् श्री लक्ष्मीकान्त

पर हारे भी तो नहीं
दूसरी बाजी खेलने के लिए हैरान हैं लक्ष्मीकान्त
आख़िर हर रोशनी फरेब तो नहीं थी
इस बार काले मोहरे के साथ है—
कहने को कुछ भी कहें लोग
सच यह है कि :

एक चलते फिरते इन्सान हैं लक्ष्मीकान्त

❄❄

तर्पण का जल हो या अर्पण का
वह हमेशा अंजलि से छूट कर
पृथ्वी को ही सींचता है—
और जैसे जैसे जल रसातल की ओर जाता है
बढ़ता है, वैसे वैसे
पितृलोक में बैठे पितृ
मुक्त होते हैं।
और इस तरह जल और पितृ
दोनों ही एक दूसरे को तृप्त करते रहते हैं।

लेकिन फिर भी यह सोच कर परेशान हैं लक्ष्मीकान्त
कि कितना गहरा रिश्ता है
जल के ढलान का, आकाश का, पृथ्वी का—कि
बिना रसातल को तृप्त किये
न तो पितृ लोक तृप्त होता है
न पृथ्वी, न आकाश।
तर्पण के जल में जितना पृथ्वी उर्वरा होती है
पितृ-आत्मा उतनी ही ऋण मुक्त होती है
यह सोचकर कि सब एक दूसरे से जुड़े हैं
कहीं कुछ अलग थलग नहीं—
सारा सब कुछ एक है—
हैरान हैं! लक्ष्मीकान्त।

❋❋

सात

कोई नहीं जानता कि
उनके झोलों में क्या है?
एक से अनेक अनुमानों से भरे
सभी उसे भीड़ में उसको और उसकी झोली को देख रहे थे।
सभी की आँखें कुछ ढूँढ़ रही थीं,
सभी कुछ कहना चाहते थे,
पर सब की ज़बानें बन्द थीं,
और वह सब को देख रहा था,
कुछ बोल नहीं रहा था।

आखिर ऊब कर पुलिस वाले ने
मौन तोड़ा—पूछा—"नाम
वह कुछ नहीं बोला।
भीड़ ने शोर मचाना शुरू किया
सब हो गये गुत्थम-गुत्था
उस से भिड़ने लगे—
(आखिर भीड़ ही तो थे सब के सब)
फिर भी वह नहीं बोला—
उसके कपड़े फट गये—शरीर पर घाव उग आये
सिर के बाल नुच गये,
धूल कीचड़ गर्द से वह सन गया।

और पुलिस वालों ने झोला छीन लिया।
वह कुछ नहीं बोला—
और सिर झुकाये चला गया।

उस झोले से एक लाश निकली
'पाण्डुलिपि'
भीड़ जम गई। आँखें पथरा गईं।
हरकतें बंद हो गईं। शोर खत्म हो गया।
सभी सोच रहे थे—
क्या मर गये लक्ष्मीकान्त?

नहीं! अपने ही रू-बरू थे लक्ष्मीकान्त
क्योंकि हर क्षण को जीने पाने
और पाये हुए क्षण को पूरे का पूरा भोक्ता थे लक्ष्मीकान्त!
यह सही है कि आज है

शब्द कभी अपशब्द नहीं होते,
अपशब्द भी अर्थ वाहक होते हैं,
अर्थों को अनर्थ बनाने वाले ही
शब्दों को अपशब्द कह देते हैं,
शब्द अर्थों के अर्थी नहीं होते
शब्द भावों के सारथी होते हैं
अर्थ संयम में रसे बसे शब्द ही
जानते पूजते हैं लक्ष्मीकान्त
शब्दों से खिलवाड़ नहीं करते लक्ष्मीकान्त

अपने को गुदगुदाने से हँसी नहीं आती
शब्द जब दूसरों को छूते हैं—
तो हँसाते है रुलाते हैं,
लोरियों में रस-बस कर
शिशुओं से तुतलाते हैं शब्द
उनींदों को सुलाते हैं शब्द
शब्द तो लक्ष्मीकान्त के होते हैं
अर्थ तुम्हारे हैं—
इसीलिए अपनों से खिलवाड़ नहीं करते लक्ष्मीकान्त

कभी-कभी बिना शब्द निःशब्द
मौन हो जाते हैं लक्ष्मीकान्त

शब्दों के अर्थ तप से बदलते हैं
निखरते हैं फूल से अंगारे
अंगारे से फूल भी बनते हैं संवरते हैं शब्द,
शब्द बाज़ारू नहीं होते,
समझो तो फूल हैं शब्द
बोलो तो अंगारे हैं शब्द
बचाओ तो संजीवनी हैं शब्द
उठाओ तो आधार हैं शब्द
उगाओ तो बीज हैं शब्द
शब्दों से खिलवाड़ नहीं करते लक्ष्मीकान्त
शब्दों के बीज को जगाते जीते हैं लक्ष्मीकान्त!

कल नहीं रहेंगे लक्ष्मीकान्त
पर यह पाण्डुलिपि जो पुलिस के हाथों में है
उसे छुड़ाने के लिए
एक पीढ़ी तैयार होगी—
और कहेगी ऐसे गये गुजरे नहीं थे
श्री श्रीमान श्री लक्ष्मीकान्त
आदि से अन्त तक
केवल अतुकान्त!

❋❋

आठ

अपनी ही कब्र पर खड़े
अपने ही को जगा रहे हैं लक्ष्मीकांत
पूछ रहे हैं अपने ही से रूबरू
कब निकलोगे अपनी कब्र से
और कहोगे अपनी व्यथा-कथा?

मैं जो कब्र पर खड़ा हूँ
तुम से पूछता हूँ
कब उकेरोगे इस अलाव को—
जिसमें सुलग रहे हैं तुम्हारे जज़्बात
तुम तो युद्ध में भी नहीं थे,
फिर तुम कैसे शहीद हो गये
कैसे इस बन्द अलाव में तुम झुलस गये?
मैं पूछता हूँ तुम से—
तुम कुछ तो बोलो लक्ष्मीकान्त
(ठीक वैसे ही जैसे कुरुक्षेत्र में)
हर सिपाही की मौत में हजारों बार मरे
श्री कृष्ण और हजारों बार फिर उठकर
लड़ते रहे वैसे ही हजारों बार मरने के बाद फिर
उठ कर लड़ते रहे लक्ष्मीकान्त
किसी और से नहीं खुद अपने से
लक्ष्मीकान्त से
यानी श्री श्रीमान श्री लक्ष्मीकान्त से।

लक्ष्मीकान्त ने आज ही अखबार में पढ़ा था :
शाहगंज के कूड़ेदान में फेंका गया

एक नव-जात शिशु मिला था लावारिस

शाहगंज के शाही पुलिए को।
''सब पूछ रहे थे—किसकी यह नाजायज औलाद है
''शाहगंज की शाही औलाद? खांदान
महज कूड़ेदान—खांदान/कूड़ेदान?
सब मिला रहे थे, रंग, चेहरा, मोहरा
नाक नक्शा, होंठ, आँख, नाक
चीखने चिल्लाने का अन्दाज।

वहीं अपने ही रूबरू छलछलाई आँखों से
देख रहे थे लक्ष्मीकान्त—
कितनी फरेबी है यह भीड़
नहीं पहचान न पाती उन्हें जो कूड़ेदान में
फेंक जाते हैं इन्सान।
बार बार माथा ठोंक रहे थे—कहते थे
कहाँ शाहगंज के शाह गुफरान
कहाँ तक पहचानें और जानें कि
हर बच्चा जायज़ या नाजायज़
इन्सान का ही है
कौन जाने यही हो कल मसीहुज़्मा
पहने काँटों का ताज,
कौन जाने कल यही हावी हो शैतान पर
और रोशन हो कूड़ेदान,
आखिर यही तो है पहचान।

हैरान थे लक्ष्मीकान्त
कितना नादान है इंसान
आदम-जाद होते हुए भी
नहीं पहचानता इंसान।

अपनी ही कब्र पर खड़े
अपने ही को जगा रहे हैं।
लक्ष्मीकान्त!

❋❋

नौ

कौन पढ़ेगा अपनी मज़ार पर
अपना ही फातिहा?
पर पढ़ रहे हैं लक्ष्मीकान्त
अपनी ही मज़ार पर अपना ही फातिहा।
कितने अंध-विश्वासी हैं
लक्ष्मीकान्त को कौन याद दिलाये
कि मुद्दत हुई मर गये लक्ष्मीकान्त
यही गाते रहे—''कौन जीता है तेरे जुल्फ़ के सर होने तक?
इसी को कहते रहे अल-फातिहा
जो न तो उनका आखिरी कलाम है
और न अन्तिम अरदास,
न ही गरुड़ पुराण का अभिसिंचित श्लोक।
तब भी गाते रहे वाल्मीकि का घिसा पिटा
अनुरूप छन्द—
        पर कितने उदास हैं लक्ष्मीकान्त
        क्रौंच पक्षी रोज़ मारा जाता है
        पर कहाँ वह उदास चीख़ जो कि थी
        कभी उसमें जो खण्डित हुई थी,
        और व्याध क्रौंच से कृष्ण तक
        रोज मारता है एक एक पर कहाँ है वह शाप।
        पर लक्ष्मीकान्त बार बार फातिहा पढ़ते
        कहते रहे : बोलो ये मेरी मज़ार
        ओ मेरी तुर्बत—
        किसे दे अभिशाप कि वह
        शत शत शरद तक जीवन से वंचित न हो।

और लो खुद ही मर गये लक्ष्मीकान्त

अभिशप्त हुए बिना ही
अपनी कब्र में समा गये?
पर क्यों इस तरह समा गये?
यह आँखों में आँसू भरे जल से
अपने ही मृत आत्मा को तर्पण दे सो गये
श्रीमान श्री श्री श्री लक्ष्मीकान्त!

ऐसा भी होता है क्या—
कि आदमी ढूँढे गोशये-तनहाई
और एक अकेला एकान्त
लेकिन वह इस तलाश में महसूस करें कि —
वह फेंक दिया गया है एक भीड़ में
और पाये कि वह एक तैरता या फेंका हुआ नहीं
वह महज जिस्म है?

शाहे अवध के राज में सब कुछ होता है
जिन्दा आदमी के मकबरे में
मुर्दे दफ़न होते हैं—और
फातिहे-अलविदा उनके लिए पढ़े जाते हैं—
जो कभी अभी अभी
मरने के पहले ज़िन्दा थे।

कभी इस सत्य से टकराया नहीं कोई
पर लक्ष्मीकान्त टकरा गये कि यह सच है
वही उनकी कसौटी पर खरा उतरा है
कि वह पढ़ रहे हैं फातिहा
अपनी ही मजार पर।

❋❋

दस

कटोरे से दूध लिए
एक बच्चे को पिला रहे हैं लक्ष्मीकान्त
पर आँखों में आँसू हैं इतने
कि खत्म ही नहीं होता था दूध।
दूध बताशे तो नहीं थे कटोरे में—
पर खारे आँसू थे।

किसी ने पूछा—क्या कर रहे है आप
उलट के देखा तो कोई नहीं था
खुद ही से पूछ रहे थे अपने आप।
बोले : "अपने बच्चे को दूध पिला रहा हूँ"
फिर किसी ने पूछा : इस बियाबान में
तुम्हारा बच्चा?

"हाँ हाँ यही। इसी क्षण।
जाओ। जिसे मैं दूध पिला रहा हूँ
वह लावारिस नहीं
मैं हूँ पिता इसका—
माता भी मैं ही हूँ।"

उस बियाबान की चट्टानें हँसने लगीं,
चट्टानें हैरान थीं।
कह रहे थे लक्ष्मीकान्त उन चट्टानों से

"आतंकवादी रहे होंगे इसके माता-पिता—
यह बच्चा नहीं
इसलिए आतंक मैं झेलता हूँ
और यह बच्चा मेरे सारे आँसुओं से भरे दूध पीकर
एक दिन झेल लेगा वह आतंक—
जिसे कभी उसने देखा ही नहीं

❋❋

ग्यारह

कभी कभी अपनी ही तलाश में
अपना ही आभा-मण्डल
चक्रव्यूह सा लगता है—
और जबरन आदमी को
एक बार फिर अपनी काया में
प्रवेश करना पड़ता है—
क्योंकि चक्रव्यूह तोड़ते-तोड़ते
अपना भी पराया हो ही जाता है।

इसके पहले भी लक्ष्मीकान्त ने
कई बार अपने भीतर झाँक कर देखा था—
फिर भी निराश नहीं हुए थे—पर आज की
'मायोपिया' सब ओर अँधेरा है....सब कुछ एक है
और अपने से अपने में प्रवेश करना
कठिन तो लगता है—
पर असंभव नहीं।

इसी असंभव को संभव बनाने में
बूँद-बूँद 'रक्त दान' करते रहे—
यानी वही लक्ष्मीकान्त जो बड़े-बड़े
युद्ध शिविरों में पराजित नहीं हुए
पर अपनी ही अपराजेय विवशता में
समूचे चूर-चूर होकर भी
साबुत बचे रहे।
और अब
अपने ही चक्रव्यूह की
परकाया के प्रवेश में
अपने ही को तोड़ रहे।

❋❋

बारह

हाथ में आईना लिए
तलाश रहे हैं लक्ष्मीकान्त—
दर्पण में साहित्य
और साहित्य में समाज.....

कभी उनके आदिम गुरु ने कहा था
''साहित्य समाज का दर्पण है''
तब से दर्पण में तलाश रहे हैं लक्ष्मीकान्त।
दर्पण है? आईना है? फ्रेम में कैद—
पर हत-प्रभ से थके से, मन मारे—
नहीं मिला कुछ—
आईने में न साहित्य है, न समाज,
न दर्पण, न छाया, न कोई काया
केवल फ्रेम के आर-पार
अपने को हो टुकड़ों में बँटा
देख रहे हैं लक्ष्मीकान्त :
        एक फ्रेम के इस पार
        और दूसरा फ्रेम के उस पार
एक अपने ही को क्रूस पर टाँगते,
दूसरा अपने ही को क्रूस से उतारते,
        अपने ही को विभाजित देख
        सुन्न से ख़ड़े हैं लक्ष्मीकान्त।

कभी कभी फ्रेम के उस पार वाले लक्ष्मीकान्त से
पूछते हैं फ्रेम के इस पार वाले लक्ष्मीकान्त
क्या तुम ही हो उस पार?

उस पार वाला कहता है—
''नहीं वह मैं हूँ'' और तुम जानते हो
उस 'मैं' को इस पार का लक्ष्मीकान्त

नहीं जानता क्योंकि—
आईने में इतनी पारदर्शिता है
कि सब कुछ खो गया है,
बीच का पर्दा फ्रेम से छोटा है
इसलिए आईना भी खो गया है,
और इस बेपदर्गी में
सब कुछ धुल गया है
फिर भी आदि-गुरु के ज्ञान से
जूझ रहे हैं लक्ष्मीकान्त!

कभी कभी उस आईना—
या आईना विहीन फ्रेम में
झाँक जाता है आकाश—
कभी नीला, कभी लाल
कभी तारों भरा लहराता—
आकाश गंगाओं का जुलूस—
पर....खो गया है वहाँ भी
समाज का घटाटोपी मेमना
और उस खोये हुए मेमने को ही
समझ बैठे समाज—
और कितने असहाय हैं लक्ष्मीकान्त
कि वह देखते रहे और उनके देखते देखते
वह मेमना भी डूब गया
उस जुलूस की रोशनी में।

पूछते हैं लक्ष्मीकान्त
आईने में कहाँ झाँकता है

शब्दों का अर्थ भरा साहित्य?
कहाँ काँपता है साहित्य में समाज?
कहाँ समाज से बड़ा है साहित्य?
और कहाँ से दिखता है साहित्य से बड़ा समाज?

सुन्न से खड़े लक्ष्मीकान्त
पूछते हैं अपने ही भीतर बैठे
वृद्ध ज्योतिषी से—कहाँ है साहित्य
जिसे ताजिये की तरह दफ़न करने के पहले
पूजते हैं लोग?
कहाँ है वह नोहा वह मरसीया
कहाँ है वह फरियाद वह शिकवा ओ शिकायत
वह फ़रमान और हिदायत
कहाँ है समाज?
यह दर्पण क्यों शून्य है?
आईना कहाँ गया?
पूछ रहे हैं लक्ष्मीकान्त
आदिम गुरु का सुभाषित
जी रहे हैं लक्ष्मीकान्त!

❄❄

तेरह

लक्ष्मीकान्त ने तो केवल
एक फूल ही देखा था
उन्हें क्या पता था कि वह अकाल का
एक त्याज्य कुसुम था।

फूल में उन्हें एक महान विश्व की संभावना
दिखी थी, उसके रंग में दिखा था
प्रकृति कला दीक्षा—
क्योंकि फूल देखना अपने आप में
एक उपलब्धि है, अर्जन है
और फूल में साकार होता विश्व देखना
फूल देखने का फल।

फूलों के झूमने में
एक शब्द सुना था एक अनहद आह्लाद
और इस व्यापक अन्तरिक्ष में फूल का—
शब्द बनना, अन्तरिक्ष का भोगार्थ।
और ऋचा से साम तक का अन्तराल
मोक्ष की असीमता का विस्तार।

कितनी शक्ति है शब्द में?
कहीं कुछ नहीं होता,
फूल ही शब्द बन जाता है
फूल ही ऋचा
फूल ही साम हैं और फूल ही मोक्ष
और लक्ष्मीकान्त मोक्ष को ही मानते हैं—
पुनर्जन्म!

❄❄

चौदह

अपने को अजूबा नहीं मानते लक्ष्मीकान्त
वह सहज मन की सहजता में ही
सब कुछ पा लेते हैं।
वह क्षण भी :
जब भावों के विस्फोट को जीते हुए
अपने को पा लेते हैं विस्फोट के
अद्वितीय शब्दों में,
और वह अद्वितीय ज्योति किरण भी :
जिस की नन्हीं ज्योति शिखा कृतज्ञ होती है
उस ऊर्जा की जो निरन्तर
पोसती है उस दीप्तमान विभा को।
यह सब समझते हैं लक्ष्मीकान्त
अपने ही सन्दर्भ को तलाशते ब्रह्माण्ड!

उस अद्वितीय ज्योति बिन्दु को भी
पहचानते हैं लक्ष्मीकान्त
जो जल, जलज-पत्र पर ख़ामोश हिलती डोलती
स्वभावतः मुक्ताभ को चमक देती
द्विगुणित करती चलती है,
ज्योति-अथ-पथ पर सब कुछ—
है प्रकाशमान :
ज्योति-सत्य, ज्योति-पथ्य, ज्योति-कलश
पहचानते हैं सब को अलग अलग
और फिर एक साथ : समग्र, समवेत।

आभारी है लक्ष्मीकान्त

उस क्षण, उस किरण और उस जल-बिन्दु के
जिस के साथ जुड़कर
सहज ही जुड़ जाते हैं
अखण्ड ब्रह्माण्ड से।
और आभार और कृतज्ञता के बीच ही
कहीं न कहीं मिलते हैं
श्रीमान् श्री लक्ष्मीकान्त!

❋❋

पंद्रह

लक्ष्मीकान्त ने और कुछ नहीं किया था
केवल आदमी को पहचानते के लिए
एक काग़ज का टुकड़ा हाथ में लिया था
बस! उनकी इस एक हरकत से
सैकड़ों प्रश्न उठ खड़े हुए।

लक्ष्मीकान्त ने सोचा
एक प्रेम पत्र लिखें,
फिर उन्हें लगा काग़ज की एक चिड़िया बनावें,
फिर सोचा एक कविता लिखें!
 और तभी किसी राज-पत्रित भृत्त की
 गाड़ी का सायरेन बजा,
 अनेक चक्र व्यूहों में उलझ गया मन,
 फिर प्रश्न उठा क्यों लिखें प्रेम पत्र
 क्यों बनायें काग़ज की चिड़िया?
 और उलझन में रख दिया काग़ज
 जहाँ का तहाँ लक्ष्मीकान्त ने।

कुछ देर चुप रहे—फिर एक रेखा खींची,
तभी उनके बुजुर्ग मन ने कहा :
''क्यों काग़ज खराब करते हो? कुछ और करो।''
लक्ष्मीकान्त सहम गये।

कुछ देर बाद उनके कवि मन ने कहा :
''तुम ने उस कोरे काग़ज को सार्थक किया
रुको मत इस प्रवाह को चलने दो।''

कुछ देर सुनते रहे लक्ष्मीकान्त
फिर एक देखा और खींची,
''दो रेखाओं से कुछ नहीं बनता—
एक तीसरी रेखा खींची
नहीं तो ये रेखायें निर्थक होंगी।''

कुछ देर निरर्थकता के साथ चले लक्ष्मीकान्त
तभी उनकी पौत्री ने कहा बाबा टाफी
और टाफी लेने चले गये लक्ष्मीकान्त
लौटे तो देखा: उनकी पौत्री हँस रही थी,
वह आधी चारकोल खा चुकी थी,
चारकोल की काली रेखायें उनके गालों पर माथे पर
इधर उधर बेतरतीब खिंच गई थी,
काग़ज की ओर देखा तो दोनों रेखाओं को
मिलाने वाली तीसरी रेखा खिंच गई थी,
यानी एक त्रिकोण में देशकाल आकाश,
अपने आप बँध गये थे।

तभी लक्ष्मीकान्त के बुजुर्ग मन ने कहा :
किस काग़ज को सार्थक करने के लिए
एक शिशु का योग चाहिए।

एक बार फिर पौत्री की ओर देखा :
वहाँ कोई नहीं था,
और वह हँस रही थी
और उसके होंठ और दाँत काले पड़ गये थे,
और उसके गालों पर अनेक काले नक्षत्र उग आये थे
और स्वयम् लक्ष्मीकान्त और काग़ज
दोनों सार्थक हो रहे थे।

❋❋

सोलह

शब्दों से खिलवाड़ नहीं करते लक्ष्मीकान्त
शब्दों को जीते हैं, और आज भी मानते हैं :
"शब्द ही ब्रह्म है"
और ब्रह्म ही हैं लक्ष्मीकान्त—
इसीलिए शब्दों को अर्थ देते रहेंगे
क्योंकि शब्द ही है अन्तिम साक्ष्य
जो गूँजेंगे फ़िज़ा बनकर
और अन्त में शब्दों ही की खड़ी होगी शान्ति सेना—
कमर कसकर तनकर—
इसीलिए शब्दों से नहीं करते खिलवाड़
शब्द किण्डर-गर्डेन बक्स की औलाद नहीं,
वह तखतियों पर लिखे गये हैं
हरफ़ों की मिलावट नहीं हैं शब्द
शब्द हरफ़ों के साथ चलते हैं, फिरते हैं गूँजते हैं
हरफ़ों की जालसाज़ी से कविता नहीं बनती
इसीलिए हर बातूनी से डरते हैं लक्ष्मीकान्त।

शब्दों का मोल भाव नहीं होता
न ही होता है शब्दों का व्यापार
अशोक की लाट चाहे फ़ौलाद की हो
या अष्ठधातु की
गल जायेगी एक दिन,
किन्तु अशोक प्रियदर्शी द्वारा लिखाये गये शब्द
जिन्दा रहेंगे सम्राट अशोक के बाद भी—
ठीक वैसे ही जैसे—
वह जिन्दा है आज!

❄❄

सत्रह

एक शिशु की किलकारी में
कृतिकायें फूल बरसाती हैं,
एक प्रार्थना के दैन्य में
आकाश-गंगा रस सरसाती है
एक शब्द के स्वर में
एक ऋषि जन्म लेता है,
एक छन्द की रचना में
सारा लोक सृजित होता है
और
जब कोई शब्द अर्थ से जुड़ता है
सारे ब्रह्माण्ड में अनहद गूँजता है,
और जब कोई कवि जन्म लेता है
तो सारा परिप्रेक्ष्य छन्द मय हो जाता है,
किसी फूल का स्वतः खिलना
प्रार्थना में साम का स्वरित होना है।
कौन जाने? :
एक शिशु की किलकारी में
एक कविता की प्रक्रिया होती है—
या एक कविता का ईश्वर
या पूरी प्रकृति की ममता
या स्वयम् लक्ष्मीकान्त।

❋❋

अठारह

देख रहे हैं लक्ष्मीकान्त—
सब कुछ तिरोहित हो रहा है,
जल-रंग में सब कुछ धुल रहा है,
या सब कुछ एक ख़मीर में बदल रहा है।

जल का सुर्मई रंग—
आकाश के तारे लिए
एक गुलाब में बदल रहा है,
गुलाब के थालों में पृथ्वी तिरोहित हो
एक फूल सी उग रही है,

आकाश के प्लावन में—
उसकी अनन्त व्याकुल लहरों में
एक ही फूल अनेक हो रहा है
सब कुछ तिरोहित होकर
एक आकाश के रूप में
जन्म ले रहा है।
पूछते हैं अपने से ही लक्ष्मीकान्त :
क्या तिरोहित होना आकार की पूर्व पीठिका है?
या किसी निराकार की अन्तिम यात्रा
अपने आप से रूबरू
पूछ रहे हैं लक्ष्मीकान्त!

❄❄

उन्नीस

आज जाने क्यों याद आये शमशेर
जो देखने में न श्मस थे न कमर
शमशेर तो थे ही नहीं
बहादुर थे भी, और नहीं भी,
सिंह तो थे पर भावों में दबे
गुलाब की एक एक बिखरी पंखुरी से कहते थे
''आ और गुलाब में लग जा''

कहीं से भी गुलाब नहीं लगते थे शमशेर,
शमशेर एक गुलाब की महक थे,
जो हमेशा यही गुनगुनाता रहा—
''न छेड़ ऐ नकहते बादे बहारी—
तुझे अठकेलियाँ सूझी हैं?
हम बेजार बैठे हैं!''

लेकिन कभी बेजार बैठे नहीं शमशेर—
हर मोर्चे पर मिले :
कलम के मोर्चे पर,
रंगों के मोर्चे पर,
इन्सानियत के मोर्चे पर,
ज़ंग लगी पैलेट नाईफ से
एक राजगीर की तरह
बनाते घर, इमारतें,

कैन्वैस के घायल तस्वीरों पर
प्लास्टर करते अनेकानेक रंगों का मरहम,
चीखते सागर को नर्म लोरियाँ सुनाते,

सागर पाँखी के डैनों को सँवारते,
मिलाते बादलों के युग्म,
और एक किशोर मन से देखते
माँ के चेहरे की झुर्रियों में छिपी
लाखों महाभारत की कुन्ती और रामायण की सीता,
लव कुश, वाल्मीकि, व्यास
देखते अपनी ही पत्नी को—
जिसने उन्हें अन्तिम साँस तक जिया, अशीशा
यह वकील की गैलेरी में तस्वीर सँवारते रहे
और वह चल बसी—

आज जाने क्यों बहुत याद आये शमशेर
कोमल और नर्म शब्दों में जगाते अंगार
और दहकते अंगार से शब्दों को बनाते
बनाते नर्म—
जानते पहचानते शब्दों का मर्म!

एक ऐसे मिज़ाज के गुनी
ढूँढते धूप में मौसम फागुनी
उबालते दो चावलों की खीर
गुनगुनाते ग़ालिब और मीर
अनकहे चाशनी से शब्द
जीते एक कोठरी में एक ख़िलफ़त ना अब्द
ऐसे कोई देता टेर
राधा कृष्ण के जुगल फेर
गुनगुनाते मनाते बनाते शेर
आज जाने क्यों बहुत याद आये शमशेर!

हाथ में लिए मानस
अधूरे वाक्यों से सजाते अर्थ,
मिलाते कमिंग के टूटे बिखरे तुक
देखते सूरदास की आँखों से राम

और तुलसी के दैन्य से रिझाते घनश्याम
मीरा से महादेवी तक बिना कुछ कहे
बखानते त्रिलोचन और नागार्जुन का बोध,
खाकी बीड़ी में सुलगाते मुक्ति-बोध

बहुत भरे मन से याद करते
मरियम, ज़ैनेब, और जैकब
हाफिज, निज़ामी, शीराजी कलचर
सादी की गुलिस्तां बोस्तां बोस्तां के तेवर
सूफ़ियानी सादगी से पढ़ते रामचरितमानस
जायसी के आख़िरी कलाम।
जाने क्यों आज बहुत याद आये शमशेर
कहते ''लक्ष्मी'', नहीं कहते लक्ष्मीकान्त
कितने भरे पूरे मन से लेते
आधे अधूरे नाम!

इतालवी सिम्पनी में ढूँढ़ते मियां की मल्हार
बड़े गुलाम अली से पूछते ध्रुपद के राज़
और डागर बन्धुओं से ख्याल के मिज़ाज
मार्क्स में ढूँढ़ते भारतीय अध्यात्म,
और भारतीय अध्यात्म को देते नया नाम
आज के इस वहशियाने माहौल में
बहुत याद आये शमशेर!

यह सादगी कौन समझेगा?
आज बात तो बोलती ही नहीं
भेद खोलेगा कौन?
आज तो हम ही बोलते हैं
बात है मौन।

कौन समझेगा "माई" का दर्द
अब तो वह "लोक" भी नहीं
जो पहचाने माई के चेहरे की झाईं
और पुत्रों के आँखों के आँसू
माई के दर्द भरे आह सर्द।

आज जाने क्यों बहुत याद आये शमशेर
अभी-अभी के लहजे में बिताते देर सबेर।

उन्हीं की याद में गये थे
एल्फ्रेड पार्क की लाईब्रेरी में लक्ष्मीकान्त
उस कोने वाली कुर्सी पर
जहाँ मोटे चश्मे के भीतर से
पढ़ा करते थे शमशेर खुसरू की मुकरियाँ,
मीर अमन की मसनवियाँ
हैरान थे लक्ष्मीकान्त कि मेज़ तो थी

पर अनीस के मर्सिये के कुछ पन्ने थे
और कुछ फ़र्राश बैठे बतिया रहे थे
वहाँ कोई और नहीं था—
न मीर, न खुसरू, न अमन,
न तुलसी न कबीर!

लाईब्रेरी वही थी,
वही इमारत जहाँ बार-बार
पढ़ते रहे शमशेर—
प्लेटो, पौण्ड, आडेन, ईलियट
जहाँ बार-बार झाँकते
हरफ़ों में छिपे हुए दिल-ओ-दिमाग
ऐसे समझते समझाते लोग।

आज जाने क्यों बहुत याद आये शमशेर

मुर्दा शब्दों को मंत्र फेंक कर जगाने वाला
आज कोई नहीं
सभी लगे हैं ज़गे हुओं को जगाने में,
सभी लगे हैं शब्दों में छिपी आग को बुझाने में,
कहाँ है इस बियाबान में शमशेर—
जाने कब से ढूँढ रहे हैं लापता शमशेर को
अपना पता लिए लक्ष्मीकान्त!

बीस

आज अपने ही रू-ब-रू हैं लक्ष्मीकान्त
खुद ही कटघरे के भीतर
खुद ही कटघरे के बाहर
यानी खुद ही वादी
और खुद ही प्रतिवादी।

पूछते हैं सवाल एक-गुस्से में
और कटघरे में खड़े लक्ष्मीकान्त—
सिर्फ हँसते हैं—ऐसे बे-आबरू हैं लक्ष्मीकान्त!
आप अपने ही रू-ब-रू है लक्ष्मीकान्त!

अपने ही पूछते हैं सवाल
और खुद ही जवाब में दुहराते हैं

''अपने ही सवाल''—
समाज, साहित्य, आदमी, दोस्त,
दुश्मन, घर, द्वार-मौला फ़क़ीर,
किस्मत की लकीर—
धूप, छाँव, इन्कलाब
इन सारे शब्दों को घूरते हैं लक्ष्मीकान्त—
जैसे वे हथियार हो जिन से
कुछ हादसे कर बैठे हैं लक्ष्मीकान्त।
फिर भी लाजवाब हैं लक्ष्मीकान्त
कहाँ है चौदहवीं का चाँद?
कहाँ है दोस्त? कहाँ है अहबाब
कितने बेहिजाब हैं लक्ष्मीकान्त?

एक एक शब्द को देखते हैं, परखते हैं,

लगता है पहचानते ही नहीं
उन्हें उठा उठा कर अलग रख देते हैं
और वादी को देखकर कहते हैं :
''ये तो शब्द हैं। निरे शब्द।
ये तो खुद ही गोठिल हैं—
इनमें कहाँ बची धार
जो करता वार?
कितने खामोश हैं यह शब्द
ये तो हो चुके बे-आब,
इन्हें इस्तेमाल करते हो गये बरसों,
जैसे हो चुके हैं बेनकाब—
श्रीमान श्री श्री लक्ष्मीकान्त!

देखते देखते सुनते सुनते
न्यायधीश धँस गये कुर्सी में
वादी भी गायब हो चुके थे,
प्रतिवादी की तरह काफ़ूर
पूरे न्यायालय में छाया है सन्नाटा
कुर्सियाँ हिल रही हैं
उनके हत्थे काँप रहे हैं
झाड़ फ़ानूस आलमे इन्तख़ाब के
ले रहे हैं पेंग पर पेंग
यानी हवा के हल्के झोंके में
रोशनी रही है रेंग।

फिर भी कठघरे में अकेले खड़े हैं लक्ष्मीकान्त
बाहर चीख रहा है अदालती नक़्क़ाल—
''लक्ष्मीकान्त वल्द.....साकिन....हाजिर है''
सुन रहे हैं कटघरे में खड़े बेताब

जनाब श्रीमान श्री लक्ष्मीकान्त शायरे इन्कलाब
अपने ही रूबरू हैं लक्ष्मीकान्त!

❄❄

इक्कीस

एक खुली किताब ही बने रहे लक्ष्मीकान्त
लाख पढ़ाने पर भी ककहरा नहीं पढ़ पाये
"क" से कमल नहीं भाया
"क" से "कल्लू" ही कहते रहे बार बार,
"क" को कलम से कलंक नहीं लगा पाये
"ख" से "खल" नहीं स्वीकारा,
"ख" से "खल्लू" ही कहते रहे,
"ख" से खरल या खत नहीं कह पाये
वे हिंसा से बचते हरे—
"ग" से गधा या गदा नहीं कह सके
"ग" से गल्लू ही भाया उन्हें
और इस तरह "कल्लू" "खल्लू" "गल्लू" में
उन्हें तीन भाई सगे से दीख पड़े
और क ख ग को सम्पादित कर गुमनाम हो गये लक्ष्मीकान्त!

कलम से कमल नहीं लिख सके,
ख से खरब भी लिख सकते थे,
और ग से गरीब और घ से घाघ भी
लिख सकते थे— पर लिखना सीखा ही नहीं
कहते रहे : तब कल्लू खल्लू गल्लू नहीं लगते सगे भाई
कल्लू खल्लू गल्लू का नहीं बन पाता हिसाब
उन पर पड़ा रहता नकाब—
इसलिए खुद ही बने रहे—एक खुली किताब!

किताब को खिताब में भी बदल सकते थे
छ से छल भी कर सकते थे।

लेकिन ज से जन ही कहते रहे
इसलिए नहीं बन पाये "जनाब"
काट दी जिन्दगी यूँ ही
नहीं जी सके शवाब।
श से शरीफ़ ही कहते रहे
नहीं कह सके शराब
"न" से नौकरी नहीं कह सके
कहते रहे न नुक्कड़

नाराज रहे ककहरा के कक्कड़
घूमते रहे दर बदर बने फक्कड़
नहीं ले सके प्रकाशकों से हिसाब
प से पाना सीखा ही नहीं
द से देना ही कहते रहे
जलते रहे खुद, जलाते अपना ही घर-बार
कहने का लब्बो-लुबाब—
बने रहे जीवन भर एक खुली किताब
जिसका न आदि न अन्त
न श्रीमान न महन्त
रह गये वैसे ही बिना नख-दन्त
घोंघा बसंत
नहीं बन पाये सपने में भी श्रीमन्त
पर रमते रहे रमाते रहे यो ही रमंत
किताबों पर जमती रही धूल,
अक्षरों पर फूल के शूल चढ़ाते रहे,
सारे दोस्त, दुश्मन अहबाब
फिर भी बने रहे लक्ष्मीकान्त
बीसवीं सदी की एक गर्द भरी
खुली किताब।

लेकिन फिर भी वे जो—

निरर्थकता की हद तक अपने को
विद्या-व्यसनी मानते हैं मानेंगे नहीं,
टाँग देंगे इण्टर-नेट पर किताब
ताकि गर्दभरी किताब को पढ़े ग़रीबदास
और कहे कताब में कुछ नहीं,
मन माने की बात!

❋❋

बाईस

खूब खूब पढ़ा एक शेर
ढूँढते रहे शाहनामे में अपना सफ़रनामा
फ़िरदौसी मिले फटे हाल
मिले कहाँ दीनार?
शाहनामा ही बना फ़िरदौसी सफ़रनामा
मिला न लक्ष्मीकान्त को
वह ही लाया बहाना—
कि वह लिखते सफ़रनामा
और वही बन जाता शाहनामा!

फर्क बस इतना है : फिरदौसी ने दीनार के लिए जो लिखा
वह शाहनामा तो हुआ नहीं,
लक्ष्मीकान्त ने जो भी लिखा
उसका कोई नहीं बहाना,
न शिकवा न शिकायत,
न ही कोई उलहना,
वह तो रहा हमेशा मुफ़लिस का चिराग़
मजाज़ का मजाज़ी दीवान,
न लिखा गया उनसे शाहनामा,
बहुत ढूँढा, तलाश किया
शायद लक्ष्मीकान्त में छिपा
फिरदौसी उभरे और
पूरा कर दे फिरदौसी की चाहत
दीनार मिले न मिला,
मिल जाय बुजुर्ग शायर को विरासत
पर ऐसे कहाँ भाग?

शहर के हर चौराहे पर है चोर-बत्ती
वहीं है बनी पुलिस चौकी की छत्ती,
रिरियाते कुत्तों के स्वर बनते कसीदे
मवेशियों की चहल-कदमी
अधसोई अधजगी रात में
नींद से जूझती मजदूरों की बस्ती!

आखिर इन्सान ही थे लक्ष्मीकान्त
अपना भी सफ़रनामा लिखना भूल गये
जो भी लिखा वह हो गया मजदूर-नामा—
लिखने लगे बच्चों के लिए निंदियारी लोरियाँ

हैरान है फिरदौसी—या मौला!
यह कौन सा शायर है,
कि कसीदे के गुरेज तक बिना पहुँचे,
शाह की सेहत की दुआ बग़ैर माँगे
माँगता है उन माँओं की ख़ैर—
जिनके सूखे स्तन दूध नहीं बरसाते
और अभाव में रोते हैं बच्चे।
माँ के दर्द को कौन पहचानता है,
कौन करेगा भाष्य रोते हुए बच्चे की फरियाद का,
माँ की सूनी कोख में पलता केवल अवसाद का
पितृ ऋण मास का विवाद
और मरियम की घायल गोद का अपवाद!

फिरदौसी का शाहनामा काश!
गुज़रता उन गलियों से जहाँ
इन्सान के ज़ख़्म गिने जाते हैं,
और जहाँ लाख दीनार भी नहीं कर सकते
उन ज़ख़्मों का कोई उपचार!

लक्ष्मीकान्त ने मगर मानी नहीं हार
वह लिखते ही रहे सफरनामाये—हयात
अपने सफरनामे में शामिल किया उन्होंने
दर्द से बोझिल आँखों में खोई बरसात।
उनके सफरनामे से जुड़ते रहे वह सब
जो कभी नहीं आयेंगे किसी शाहनामे में
शाहनामों के जाल में झेलते वारदात
कहाँ तक गिनें गिनायें जायेंगे वे—
जो शहरनामों में भी नहीं बना पाये बिसात,
एक लालची दुनिया की फरियाद बनकर
रह गया शाहनामा

बहुत गौर से पढ़ा ज़रूर शाहनामा
पर न मिल सका उसमें
शहरनामा का सफरनामा,
काश फिरदौसी ने लिखा होता
एक शेर—
जो बन जाता किसी का जिन्दगीनामा!

एक एक शेर बड़े गौर से पढ़ गये लक्ष्मीकान्त
पर न मिला फिरदौसी का सफरनामा
अपनी किताब पर ही लिख रहे हैं लक्ष्मीकान्त
अपना ही खिताब!

❄❄

तेईस

अस्सी साल की उम्र क़ैद से छूटेंगे कल
रोज़ नव-रोज़ मनाने वाले लक्ष्मीकान्त
बड़ी दौड़ थी जिन्दगी में—
कहीं एक पल को भी नहीं मिली छाया
दौड़ते रहे उसी जेल घर में जीवन भर
कल हो जायेंगे क़ैद-मुक्त—
कहेंगे कल आज़ाद होकर—
''काट दिये उम्र के ये साल
ऐ जिन्दगियें नाकाम—
तेरी याद में गुमनाम
या तुझे शर्मसार हो भुलाने में—

बहरहाल कल होंगे उम्र क़ैद से मुक्त
खुश ओ खुर्रम
या कि कहीं गोशे में छिपे ग़म को
भुलाने में!

बहुत शर्मिन्दा होंगे कल—
वे लोग जो जिन्दगी भर मुझे कोसते रहे,
और देख न पाये लक्ष्मीकान्त को
फटेहाल नंग ओ निहंग।

सोच रहे होंगे बहिश्त में—
''काश वे भी पा जाते उम्र के अस्सी साल
तो देख लेते लक्ष्मीकान्त को
लदे क़र्ज से माला-माल
बिकते बिकाते राजा हरीशचन्द्र से
काशी के हाट में लिए

अपने बाल गोपाल।

काश अपने को पाते काशी के डोमराज
खरीदते लक्ष्मीकान्त का क़र्ज़,
निभाते दोस्तों का फ़र्ज
और कहते लक्ष्मीकान्त से
''जाओ क़फन खसीटों को खुला है
मर्णकार्णिका का घाट,
मिलेंगे तुम्हें वहाँ अनेकानेक ज्ञानेन्द्रपति
लिखते लिखते, सुनते सुनाते काशी का महात्म
विस्तृत फैला काशी का माया-जाल!

जो भी हो
ख़ुद अपने से ही शर्मिन्दा है लक्ष्मीकान्त
उम्र-क़ैद से छूटने पर भी बिछड़ गये
ऐसे दोस्त यार जिनके अरमान धरे के धरे रह गये—
आखिर वह भी तो दोस्त ही थे—
जिनकी पूरी न कर सके उनके अरमान
पूछते फिरेंगे दर-बदर लक्ष्मीकान्त
कैसे हुए अल्लाह के प्यारे
मेरे ऐसे नायाब दोस्त—
पछता रहे हैं उम्र-कैद से छूटने पर
कहते हैं—ऐसे दोस्त कहाँ मिलते
किसी को—
जो सिर्फ इसलिए जिन्दा रहते
कि देखे लक्ष्मीकान्त को ज़िन्दा
या मुर्दा—ठीक वैसा ही जैसा—
वह सोच रहे थे—
कि नायाब होंगे मृर्गाबो
(कोई शाहीन या उक़ाब नहीं)
जो भूखा रह जाय और
पा न सके सुर्ख़ाब!

❋❋

चौबीस

घुटनों के बल बकैइयाँ चलने पर
मजबूर है लक्ष्मीकान्त—
क्योंकि वह शिवा जो तो हैं नहीं
जो औरंगजेब के दरबार में
अपमानित करने के लिए बुलाये गये हों
और आदम-क़द से बहुत छोटे चौखटे से
बिना सिर झुकाये सीना तान कर
निकल जायँ।

ऐसे में सीना तान कर बिना सिर झुकाये निकलना
और दरवाज़े की चौखट से न टकराना,
रणनीति हो सकती है,
पर आज के लोक-तंत्र को घेरे खड़े हुए माफ़ियों
के बीच से घुटनों के बल चलना
हमारी रणनीति नहीं, मजबूरी है।

कहता है वह आपराधिक छवि वाला मंत्री—
''घुटनों के बल चल नहीं तो
जिस छाती को तू तान कर चलना कहता है
उसके आर पार यह बन्दूक की गोली चली जायेगी।''

घुटनों के बल बकैइयाँ-बकैइयाँ
सिर नीचे किये सुनते रहे लक्ष्मीकान्त
याद करते रहे राष्ट्रपिता गाँधी को
जिनके भी सीने के आर-पार
बन्दूक की गोली निकल गई थी,
पर उनकी अभयदान की मुद्रा झुकी नहीं,

झुका वही हत्यारा
जिसने उनका चरण स्पर्श कर—
कर दी थी गोली सीने के आर-पार—

सोचते हैं लक्ष्मीकान्त गाँधी की मुद्रा,
हत्यारे का झुकना, और कहते हैं हे राम
किन्तु उठ नहीं सकते!

❋❋

पच्चीस

चिन्ता में डूबे हैं लक्ष्मीकान्त
सोचते हैं बार-बार उलट-पलट
झुण्ड का समूह होना विकास है
और समूह का गिरोह में बदलना
आज तक क्रान्ति क्यों नहीं बन पाया?''

लुटेरों से घिरे लक्ष्मीकान्त
फ़र्क नहीं बता पा रहे
कि ये हत्यारे झुण्ड हैं, या समूह, या गिरोह
या क्रांतिकारी ग्रुप—
जो जब देखो घेर लेते हैं समाज
कभी क्रान्ति के नाम पर—
कभी आर्थिक विपन्नता के नाम पर,
कभी जहाद ओ मिल्लत के नाम पर,
तो कभी राम और रहीम के नाम पर,

पसीने से तर बतर आँख फाड़े देख रहे हैं,
लक्ष्मीकान्त, शब्दकोश, विश्व कोश में
परिभाषायें, आदमी की सीमायें।
धर्म, क्रान्ति, जन, मन की मर्यादायें
आदमी और जानवर और जानवर और आदमी
के दुभाषियों से पूछ रहे हैं,
तुम क्या आदमी हो? तो जानवर कौन है?
तुम यदि क्रांतिकारी? तो प्रतिक्रान्ति क्या है?
तुम यदि जहादी हो? तो ईमान क्या है?
तुम यदि भक्त हो? तो तुम्हारा राम क्या है?

ढूँढ रहे हैं लक्ष्मीकान्त परिभाषायें
पर घेरे खड़ी हैं उन्हें हजारों मृतात्मायें,
कोई उत्तर नहीं—
कहते हैं प्रेत बोलते नहीं, वे उत्पात करते हैं
लक्ष्मीकान्त ढूँढ रहे प्रेत का अर्थ
मौन का अभिमत
प्रेत योनि का दंश,
अकीदत-मन्दों का नशा
राम भक्तों के राम
खुदा बख़्शों के रहमान!

कोई विकल्प नहीं—
सब की गोलियाँ तैयार
बन्दूक की नलियों में छिपा अंगार
सिर्फ एक ऐसा था—जिसकी नली नीचे थी,
वह लक्ष्मीकान्त को घूर कर देख रहा था
वह हत्या नहीं आत्म-हत्या करने आया था

लक्ष्मीकान्त जानते थे—
वह आगे बढ़ेगा पूरे अभिनय के साथ
और लक्ष्मीकान्त को मारने के बजाय
वह आत्म-हत्या करेगा
शेष सब भाग जायेंगे!

लक्ष्मीकान्त जानते हैं कि यह
आत्म-हत्या करने वाला नहीं है
जो मैं हूँ क्योंकि मैंने ही उसे
क्रान्ति, धर्म, समता, सत्य, अहिंसा का

पाठ पढ़ाया था
औरों ने भी सुनाया
पर इसने तो गुना था!

फिर भी ढूँढ रहे हैं शब्दकोश विश्वकोश में
नये अर्थ लक्ष्मीकान्त
ताकि दूसरी आत्म-हत्या न हो।

**

छब्बीस

तुक की मनोटोनी से हो गये बेतुके
मिलाते रहे फन्दे का तुक अन्धे
जोड़ न पाये जिन्दगी मौत के फन्दे
इसीलिए जमा नहीं पाये अपने धन्धे!

अन्धे नहीं थे लक्ष्मीकान्त
सैकड़ों मौत के फन्दों से गुज़रने के बाद
उन्हें सारे तुक बेतुके लगे थे
इसीलिए हो गये खुदबखुद बेतुके।

कौन कहे राजा से आप नंग-निहंग हैं,
सभी कहते रहे राजा साहब अनंग हैं,
अनंग राजा जी का तुक लगाते रहे लक्ष्मीकान्त
नंग-धड़ंग। राजा जी नाराज हुए। बहुत-बहुत नाराज हुए ,
करवाने लगे दंगे और दंगों को तुक जब
लगाया गये गन्दे तो राजा जी ने एलान किया
पोटो, और जब हाथ में मिली उनके
अपनी ही फोटो—तो राजा जी
अटल अचल से रोने लगे,

पर रोने का तुक लगाने वाले नहीं चुके
वह रोने का तुक लगा दिया धोना
लक्ष्मीकान्त ने पहली बार तुक की मनोटोनी तोड़ी
उन्होंने तुक लगाया अन्धे का नयन-सुख,
और लँगड़े का लम्बोदर,
और बैगे का हैगे,
यानी आठों गाँठ के टेढ़े का

सादिक अली ऐंठे। यानी सेठ बैठे।

अब तो इतने सिड़ी हो गये लक्ष्मीकान्त
कहते हैं मत दो हमें कन्धे
अंधों के कन्धों पर नहीं चलते
मुर्दों के धंधे!

❋❋

सत्ताइस

आखिर हार ही गये लक्ष्मीकान्त
कोई जंग तो थी नहीं कि सामने थी
दुश्मन की फ़ौज और उस से एक नयी
हल्दी घाटी में लड़ते-लड़ते हार गये वह,
वह तो अपने ही से हारे क्योंकि
लड़ाई जीतने के बाद भी
वह लड़ते रहे जीत से!
ऐसा कुछ नहीं किया कि जंग के समय
बचा खुचा साहस पौरुष काम आये,
वह तो अपने बचे खुचे पौरुष से भी
लड़ते रहे जूझते निरन्तर;
हारे वह उस जीत से जिसे वह रख न सके
और
आखिर हार ही गये लक्ष्मीकान्त—
अपनी ही हार को जीत और
जीत को हार में बदलते सिल-सिले वार
आखिर हार ही गये लक्ष्मीकान्त खुद अपने ही से दुर्निवार!

हवा से ही लड़ते झगड़ते मात देते,
मात खाते कभी-कभी जानबूझ कर उदारता में—
कभी-कभी हार का मान रखने के लिए
साधन हीन विवशता में,
कभी जीत का मान रखने के लिए हारे
तो कभी हार को गौरवान्वित करने के लिए हारे
और जीती हुई बाजी को भरी सभा में हारे लक्ष्मीकान्त

रहे तैरते रेगिस्तान में जहाँ जल नहीं

सरपट दौड़ने की कोशिश में भी
मझधार में हारे लक्ष्मीकान्त—
सागर को शर्मिन्दा करने के लिए
अपनी लुटिया लेकर डूबे मरुथल में,
और मरुथल को शर्म से डूबने के लिए
माँगते रहे जीवन भर जल सागर से
हारे तो हमेशा लेकिन न तो सागर
शर्मिन्दा हुआ और न मरुथल,
हमेशा पूरे भाव के साथ, अभाव से लड़ते रहे,
सोचा नहीं कि इन सब के बीच
अपने को स्वभाव में ढालते रहे खतरे में
कुछ अजीब ही साँचे में ढलते-ढालते रहे,
जानबूझ कर पालते रोग-निरोग बस्ती में
श्री श्रीमान श्री लक्ष्मीकान्त
उलट-पुलट करते गुजार दी जिन्दगी।
कुछ खट्टी कुछ मिट्ठी, कुछ कड़वी कुछ कसैली
यही रही उनकी रही जीवन शैली

आज सभी हैरान है, पूछते हैं पता
मिलते है खुशी से गिनते गिनती उनकी खता
कितने निर्मम हैं लक्ष्मीकान्त
पूछते हैं अपनी ही निर्ममता से—
कहीं देखा है लक्ष्मीकान्त को?

आज शान्त हैं प्रशान्त लक्ष्मीकान्त
आँखों का पानी बरसा रहे हैं
कश्मीर की घाटियों में
और जिला रहे हैं घायल अपंगों के बीच
इन्सानियत को जो हार-जीत में चकना चूर
कहीं घायल पड़ी है बियाबानों में!

❄❄

अट्ठाइस

बहुत दिनों से लापता हैं लक्ष्मीकान्त
ऐसा नहीं कि शहर में हैं नहीं—
पर लापता बनने के लिए देते हैं गलत पता—
रहते हैं पूरब में, पता देते हैं पश्चिम का,
और जब होते हैं पश्चिम में,
तो पता देते हैं पूरब का,
इतने बेदाद हैं लक्ष्मीकान्त
कहीं कोई दरेग नहीं,
अब तो लगता है खुदादाद हैं लक्ष्मीकान्त

अकेले होते हैं तो सुनते हैं चीख बच्चों की,
सोचते हैं "अल्लाह ओ अकबर"
और सुनते हैं "जै श्री राम"
तो सोचते हैं राम-राम सीताराम
पर पाते हैं अल्लाह के नाम पर लावारिस बच्चे,
सुनते हैं राम-राम,
पर पाते हैं भगवान के नाम पर भी बच्चे अपंग
जो पड़े मिले लावारिस मजारे शरीफ़ पर
और दिन दहाड़े मिले गुजरात, गोधरा में
कौन समझाये ये चीख़ें न हिन्दू की हैं
न मुसलमान की,
यह दर्दनाक चीख़ उस आने वाले भविष्य की

अब कभी नहीं जायेंगे पूरब के सप्त ऋषि बेरुथलम
नहीं देखेंगे नव-जात खुदा के बेटे के हाथ की रेखायें,
और न ही कोई अरस्तू फर्माईश कहेगा सिकन्दर से
"लाना गंगा जल, गीता और बांस की बांसुरी।"

इसी शर्म से गड़े जाते हैं लक्ष्मीकान्त
और हमेशा देते हैं ग़लत पता
ताकि बदनाम न हो पूरब और पश्चिम।

गाँधी के देश में बुश का राज हो रहा है
हिंसा पर हिंसा का यह नया सुराज हो रहा है
खो गया गाँधी का स्वराज और
लोहिया की सप्त-क्रान्ति
जय प्रकाश की सम्पूर्ण क्रान्ति
भटक रहे हैं लक्ष्मीकान्त कि कहाँ जायें—?
हर जग़ह तो जल रहा है प्रतिहिंसा का अभाव,
सब हैं खामोश, और जल रहा है आदमी

कौन किसे समझाये एक दूसरे की ख़ामी
इसीलिए बहुत दिनों से लापता हैं लक्ष्मीकान्त
देते हैं गलत पते, रहते हैं सही जगह
कौन समझाये कि ज़माना ही है ग़लत,
रास्ते पर चल कर ही सही रास्ता आता है
कौन किसे बताये यतीमख़ाने में
सब कुछ भूल जाता है
आदमी महज अपना-अपना जख़्म भुनाता है।

लापता नहीं हैं लक्ष्मीकान्त,
सीख रहे हैं गलत रास्ते से चलकर
सही रास्ते पर आना—
पर सीख नहीं पाते इसीलिए
दुश्मन बना बैठा पहरा दे रहा जमाना!

❊❊

उन्तीस

कैसी टीका और कैसी टिप्पणी
रोशनी की एक कनी यदि मिल जाती
बन जाते राम ग़रीब भी राम धनी।

नाग-फनी को फेंस उगाते रहे राह में वे—
जो कहलाते रहे महापण्डित महामुनी
काँटों में ही उलझे रहे,
नहीं देख पाये आस-पास
उगले रहे घास-पात खस ओ खास
हो सकते थे राम धनी से धनीराम
पर कहाँ यह संयोग—
धनीराम से होते रहे निरन्तर घासीराम
और देर नहीं लगेगी
जब वहाँ हो जायेंगे घासीराम से सीधे
रामघसीटे—
कौन अपना माथा पीटे
बड़े बड़े हुनर-मंद और पक्के धुनी
कहते रहे कैसी टीका
और कैसी टिप्पणी।
मिल जाती कहीं से यदि
रोशनी की एक कनी
कम से कम अन्धे तो नहीं कहलाते
''मायोपिया'' की माया ही जपते
हो जाते कुछ और न सही
एक मायापति से मायाधनी।

❋❋

तीस

ऐसा नहीं कि ग़रीब गुरबा न मनायें
अपना जन्म-दिन
और माँगे दुआ मिन्नत—
या आँचल पसार भीख, तौफीक
या कि दे धन्यवाद उस गरीब परवर को—
जिसकी दया और रहमत की वजह से
हासिल होता है नियाज़—
यानी कृपा की वह गंगा जो धो देती है
दिलो का गर्द ओ गुबार या कि मलाल।

आज ऐसा ही कुछ हुआ लक्ष्मीकान्त का हाल
सोचा था सुबह उठेंगे, नहा धोकर
पूजा पाठ के बाद धन्यवाद देंगे उसको
जिसने इस संसार को केवल एक के लिए नहीं
सब के लिए बनाया—
यह संसार एक बहिश्त न सही पर उसने दिया
आग, पानी, हवा, आकाश, अन्तरिक्ष और
साथ लाद दिया अपना अंश—
एक गाईड बुक—इस जिन्दगी के सफ़र को
अंजाम देने के लिए अंधेरा अतीत,
भयत्रस्त वर्तमान, और स्वप्न-ध्वस्त भविष्य—
और कहा :

> हर कदम पर मेरी आवाज सुनना—
> मैं कहीं छिपा हुआ नहीं, फिर भी
> तुम्हारे भीतर तुम्हारा श्राप भोगता
> तुम्हारे साथ चलता फिरता देखता

सुनता....मैं हूँ तुम्हारा गाईड।

जिन्दगी के बीत गये अस्सी साल
पर लक्ष्मीकान्त अड़े रहे कि—
यह आवाज़ गाईड की नहीं उनकी है और
चूँकि लक्ष्मीकान्त इन्सान हैं इसलिए
यह आवाज़ एक इन्सान की है
और इन्सान की कमजोरियों के साथ हैं।
वह नहीं मान पाये कि वह कोई
ग़ैबी आवाज़ है या किसी गाईड बुक की
कि जब कभी वह भूलें-भटकें
या तलाश करें कि वह कौन है तब—
वह आवाज़ किसी चमत्कार सी नहीं
न ही किसी अनजान अदृश्य की सी लगे
न ही यह महसूस हो कि वह इन्सान से अलग
किसी दूसरे की—ऐसी आवाज है
जो फरियाद सुनता है, फैसले सुनाता है,
कृपा करता है, और कभी-कभी
क्षमा भी करता है।

कैसी विडम्बना है यह कि—
जिससे बार-बार टकराते हैं लक्ष्मीकान्त
वह कोई और नहीं
वह खुद उनका "स्वयम्" है।

अपने आप से ही ज़िन्दगी भर
टकराते रहे हैं लक्ष्मीकान्त,
पर कभी इस टकराहट की विवशता में
उसे किसी ग़ैबी आवाज़ का चमत्कार नहीं माना
वह तो उन्हीं का अपना सगा भाई है
जो उनसे टकरा कर

बिना किसी चमत्कार के कहता है :
''दादा ! बात मान जाओ
फ़ैसले सुनाने वाला मैं
तुम्हारा ही बन्धु हूँ,
मुझे अपना ही समझो—
मैं चमत्कार नहीं—
मैं तुम्हारे भीतर बैठा हुआ
अपने से ही बोल रहा हूँ।''

हैरान से देखते हैं लक्ष्मीकान्त
सुनते हैं आवाज़, पहचानते हैं आवाज़
देते है आवाज़, ढूँढते हैं आवाज़
और चारों ओर से जब उन्हीं की आवाज़
उन्हीं से टकरा कर
उन्हीं के पास लौटती है
तो सहमे सहमे से अनकते हैं उसे
और वह कहता है
''मैं'' तो तुम्ही हो—तुम्हारा ही बन्धु
मुझे अकेला मत छोड़ो।
मैं न गैर हूँ न कोई ग़ैबी
न गाईड न ही कोई आसेबी,
मैं हूँ तुम्हारा बन्धु,
हर चौराहे पर हाथ फैला बताता
सावधान आगे खतरनाक मोड़ है।

❋❋

इक्तीस

कविता लिखते हैं लक्ष्मीकान्त
पर शीर्षक नहीं लगाते,
अपनी बला कविता के सर नहीं मढ़ते
इसीलिए उनकी सभी कवितायें
छिन्न-मस्ता हैं—
शीर्षक हीन कबंध सी
पेट में शीर्षक छिपाये
एक सी लगती हैं।
अभिव्यक्ति की स्वतंत्रता के साथ
पाठक की स्वतंत्रता के भी क़ायल हैं
पाठक की समझ को
बाँधना नहीं चाहते लक्ष्मीकान्त!

पाठक जो चाहे अर्थ लगाये
पढ़ने के बाद हर अच्छी कविता
पाठक की होती है,
लक्ष्मीकान्त पाठक की सोच पर क्यों
पहरा बैठायें,
कवि की स्वनंत्रता की पहचान यही है,
कि वह पाठक से कहे
"कविता तुम्हारी है—
जो तुम चाहो वही सोचो
जो तुम सोचो वही पढ़ो
शब्द मेरे हैं अर्थ तुम्हारे हैं
दोनों ही के मौन इशारे हैं।"

वह शब्द क्या जो बँधा हो—

एक अर्थ से?
वह मणि क्या जिसमें जितने पहल हों
उतनी ही चमक न हो, उनकी ही रोशनी
रोशनी की नयी किरणें और
किरणों का मिला-जुला इन्द्र धनुषी सैलाब
न हो,
वह शब्द मुर्दा है जिसमें तराशे पहल न हो,
या कि जो ठस हो, या कि जो सिर्फ एकार्थी हो।
इसीलिए शब्दों के गरीब लक्ष्मीकान्त
एक ही शब्द ओढ़ते बिछाते हैं;
जहाँ तक फैलती है ध्वनियाँ
वहाँ तक जाते हैं;
जहाँ से बदलती हैं प्रति-ध्वनियाँ
वह ख़ामोश सुनते हैं,
उनकी झिलमिली आहटें
आहटों में बदलते अर्थों की धड़कनें,
छिन्न-मस्ता के नर्तन में जीवन का उत्सर्ग, विसर्ग,
अपने में ही छिपे अर्थों का निसर्ग।

बत्तीस

बहुत गहरा संत्रास था,
रक्त-चाप बढ़ रहा था
रक्त-चाप गिर रहा था
रोगी बार बार पूछ रहा था
"किसका रक्त है : ?"
"रक्त बड़ा कीमती होता है।"
रक्त एक नास्तिक का था,
वैष्णव डाक्टर चढ़ा रहा था,
मरीज़ विधर्मी था,
फिर भी पूछ रहा था
"किसका रक्त है?"
"रक्त बड़ा कीमती होता है।"
बहुत गहरी खामोशी थी,
चारों ओर सन्नाटा था,
रक्त वैष्णव का था,
डाक्टर नास्तिक था,
मरीज आस्तिक था—
बार बार पूछ रहा था—
"किसका रक्त है?"
"रक्त बड़ा कीमती होता है।"
चारों तरफ़ कोलाहल था,
रक्त सिरफिरे का था,
मरीज़ नास्तिक था,
डाक्टर आदमी था,
फिर भी मरीज बार बार
पूछ रहा था—
"रक्त यह किसका?"
"रक्त बड़ा कीमती होता है।"

कौन कहे रक्त की बात?
रक्त लक्ष्मीकान्त का था
डाक्टर भी लक्ष्मीकान्त ही थे,
मरीज भी लक्ष्मीकान्त ही थे,
फिर भी लक्ष्मीकान्त ही अपने से पूछ रहे थे,
"रक्त यह किसका है?"
"रक्त बहुत कीमती होता है।"
कौन पूछे रक्त की बात
रक्त तो आदमी का था,
मरीज आदमी ही था,
डॉ० भी आदमी ही था
फिर भी मरीज पूछ रहा था
"रक्त यह किसका है?"
"रक्त बहुत कीमती होता है।"
रक्त तो सिपाही का था,
डाक्टर दुश्मन था,
मरीज़ एक घायल आतंकी था,
बार बार पूछ रहा था—
"रक्त यह किसका है?"
"रक्त बहुत कीमती होता है।"
अस्पताल की रोग-शैय्या पर बेचैन
जाँच रहे हैं लक्ष्मीकान्त—
शोर यह किसका है?
रुदन यह किसका है?
मरीज़ यह किसका है?
आदमी यह खुदा का है
खुदा बहुत नायाब होता है
रहमत भी बेहिसाब है?
"रक्त यह उसी का है"
"रक्त बहुत कीमती होता है!"

❄❄

तैंतीस

नरों का नहीं—
किसी मादे का पोस्टमार्टेम करने वाले
होंगे किसी अस्पताल या नर्सिंग होम में—
विकलांग पड़ी-पड़ी, मर्दाना-ज़नाना का
विभाजन करते कायिक किकलांग
डॉक्टर, नर्स और ऐंचे-ताने-बैंगे कथाकार कवि,
पर इनका साहस नहीं कि छू सकें
किसी सज्ञान नारी को,
या उसके सभी अंगों-प्रत्यंगों को
इनकी आँखें बैंगी हो जायँगी यदि वह
एक बार निहार सकें, नारी का सौन्दर्य,
या उससे बात कर सकें
एक सुन्दर औरत के साथ सोना तो एक
दिवा-स्वप्न है जो यह ललकार कर कहते हैं
एक खूबसूरत औरत के साथ सोना
कौन सा गुनाह है?

ये मानसिक विकलांग अपने शारीरिक
अपाहिजपने का दुस्साहस ही करते हैं
और उन्हें मिलती है वही
पोस्टमार्टेम शुदा औरतें नहीं मादा, जिनके रोम-रोम से
झलकता है, निरन्तर एक नश्तर
और एक ख़ुतबा कि वह महज मादा है
औरत या नारी नहीं।

भिनभिनाती मक्खियों की तरह
किसी डिस्केथे या नाईट-क्लब में

मन में किसी के साथ सोने का स्वप्न-दोष ही
पाल सकते हैं,
यह क्या जानें क्या होती है भोग्या?
भावी अर्द्धांगनी, त्याज्या, काम्या या सामान्या?

❄❄

चौतीस

अपनी ही रोग शैय्या पर बहुत ही बेचैन हैं लक्ष्मीकान्त
रह रह कर चौंक जाते हैं, जब कई मरीजों का
सामूहिक रुदन एक सामूहिक चीख़ बन कर उभरता है
और फिर कुछ देर के लिए सियापा औरतों का
बच्चों का,
और फिर सामूहिक रुदन, और फिर वही—
सामूहिक चीख़....

फिर सन्नाटा....
आपरेशन थियेटर से आती आवाज़ें,
ट्रालियों पर घायल लोग.....
आफिसरों की दौड़-धूप......
आवाज़ें.... फुसफुसाहटें
आवाजें बूटों की; डॉक्टरों की,
नर्सों की; मेमों की.....
पोस्टमार्टेम। घसीट कर ले जाते मुर्दे.....
फिर वही सामूहिक रुदन की गूँज

फिर उस सामूहिक गूँज की चीख़,
फिर वही सन्नाटा.....
फिर वही सियापा औरतों का
और बच्चों का.....

अपनी ही रोग-शैय्या पर
सारी बेचैनियाँ झेलते.....
पूछ रहे हैं अपने ही से लक्ष्मीकान्त
"आखिर बार बार रोने ही की बीमारी

क्यों फैलती है?
फैलती क्यों नहीं संक्रामक रोग सी
सामूहिक हँसी, सामूहिक उल्लास, सामूहिक
खुशी बिना सन्नाटे सियापे के?

अपने ही अन्तर में बिछी सुरंगों के फटने पर
हजारों बार क्षत-विक्षत घायल हुए हैं लक्ष्मीकान्त
पर कभी खुल कर रो भी नहीं सके....

लेकिन फिर हँसे क्यों नहीं लक्ष्मीकान्त?
बारूदी सुरंगों के फटने के बाद
दरवाज़े तक आई मौत खाली हाथ वापस चली गई.....
हँसने का हक़ था....
फिर क्यों नहीं हँसे?

अपने ही को जाँच रहे थे लक्ष्मीकान्त
सोचते-सोचते याद आया...
पिछली सदी में सिर्फ़ एक बार हँसे थे
जब उनके पौत्र ने लड़खड़ाते कदमों से
चलते-चलते भागते-भागते
उनके पास आकर कलम छीन ली थी,
चश्मा छीना था, जो कुछ लिखा था उसे
रौंद डाला था,
और अपनी माँ की ओर इशारा करते-करते
रो पड़ा था....
तब एक बार हँसे थे लक्ष्मीकान्त।

पिछली सदी में एक बार आँखें भी नम हुई थीं
पिछली सदी में जब किसी अपरिचित अपंग ने
उन्हें एक फूल देकर नमन किया था,
कहा था ''इसे मंदिर में चढ़ा देना'',

और अवाक् से देख रहे थे उसे
और अपने को,
शायद वह पूर्व-जन्म का कोई अपना ही था
मेले की भीड़ में आखिर उन्हें ही क्यों चुना
पिछली सदी में बिना आँसुओं के
सिहर गये थे लक्ष्मीकान्त
कौन जाने वह पूर्व जन्म के कौन हों?

पिछली सदी में एक बार रोये थे लक्ष्मीकान्त
जब उस सदी का सब से बड़ा मानव
शहीद हुआ था और हाथ में फूल लिए
चला था उसी ओर
जिस ओर से आई थी किसी की गोली की
आवाज़ के साथ अभय मुद्रा में एक आवाज़
''हे राम''

मैं चीख़ पड़ा था जब कुछ टूट जाने के बाद
किसी ने पूछा था :
कहाँ जाओगे.....
दंभी कहलाओगे.....

और तब बड़ी मर्मान्तक पीड़ा से
चीखे भी थे लक्ष्मीकान्त,
और उस सामूहिक चीख़ में
उनका रुदन भी शामिल था।

एक सदी बीत गई
लेकिन बार-बार रोने का
बार-बार आँखें नम करने का
बार-बार हँसने का

कोई अवसर ही नहीं मिला।

फिर वही सामूहिक रुदन,
फिर वही सामूहिक चीख़,
फिर वही सियापा, फिर वही विकलांगता
फिर वही.....वही.....
आखिर क्यों?

❋❋

पैंतीस

इस व्यंग्य को कौन समझेगा कि—
बनना तो चाहते थे लक्ष्मीकान्त हारिल
पर हारिल तो बने नहीं
कुछ ऐसी बनी तिकड़ी कि—
रह गये केवल हारिल की लकड़ी।

बहुत जूझे लक्ष्मीकान्त पर
अनबूझे से बुझे ही रहे,
हर हारिल ने इस्तेमाल किया—
लेकर उड़ा आसमान में और—
समझते रहे लक्ष्मीकान्त कि—
हारिल नहीं उड़ रहा
उड़ रही है लकड़ी जिसके बिना
हारिल ज़मीन छू नहीं सकता।

कौन समझाये लक्ष्मीकान्त को
कि लकड़ी पहचान है हारिल की
और महज़ पहचान में इस्तेमाल आई वस्तु
हारिल नहीं बन सकती
सुनहरा सपना तो हारिल का होता है
पहचान का कोई इस्तेमाल नहीं होता,
सपने जब उतरते हैं ज़मीन पर
लकड़ी की साख नहीं बढ़ती
क्योंकि ज़मीन और हारिल के बीच
लकड़ी ही हारिल को ज़मीन से दूर रखती है
नहीं तो बिन पानी प्यासा ही मर जाय
ताल के जल के बीच लकड़ी पकड़ कर

पीता है सरस जल और फिर
पंजे में लिए अपनी पहचान
उड़ जाता है व्योम में यों ही अनजान।

धरती का सारा ताप-शाप
ख़ुद ही झेलते रहे होते रहे अभिशप्त
हारते रहे बाज़ी पर बाज़ी, चूकते रहे अवसर
फिर भी हारिल के पंजे में टँगे रहे
कि पद-अपद की टेक से लक्ष्मीकान्त!
ताकि
उनकी पहचान ले उड़ता रहे हारिल हवा में
और जब धरती की ओर देखे कहीं कोई नदी,
झ़रना, तालाब तो वह सूखी निष्प्राण लकड़ी
उस प्यासे हारिल को अपने सिर पर बिठाये मिले।

हर ओर देख रहे हैं लक्ष्मीकांत सब के पुरुषार्थ,
उक़ाब, उनक़ा, शाहीन, बुलबुल, चहकती कोयल
दमकते सुरख़ाब, एक निरन्तर प्रवाहित ज्योति बिन्दु से
परेवा, फाखते, कपोत,
सब चोंच में लिए तिनके, घास फूस,
पत्ते, लकड़ी, सूखी, हरी—पहचान के लिए नहीं
केवल घर बनाने के लिए बेताब।
पर बने रहे लक्ष्मीकान्त केवल हारिल की लकड़ी
और लकड़ी से ज़्यादा पुरुषार्थहीन नपुंसक
हारिल की पहचान।
इस व्यंग्य को कौन समझेगा कि
बनना चाहते थे लक्ष्मीकान्त हारिल
और बने रहे जीवन भर
महज हारिल की लकड़ी!

❄❄

छत्तीस

लोगों को शिकायत है
क्यों पहुँच जाते हैं हर जगह लक्ष्मीकान्त?
कितना वाह वाही लूटना चाहते हैं?
कितनों का सहारा लेना चाहते हैं?
कितनों के कन्धों पर भार बन
हर जगह दिख जाते हैं मंद, मौन, मंथर?

क्यों नहीं बैठते घर में एक जगह?
वृद्ध वयोवृद्धों को घर में ही रहना शोभा देता है,
इस सुभाषित को जानते हुए
क्यों करते हैं नाटक?

चलो! हम मान लेते हैं, एक स्वर से
प्रस्ताव करते हैं :
''लक्ष्मीकान्त को हम बुजुर्ग मानते हैं
और प्रार्थना करते हैं कि
बुजुर्ग की ही तरह घर में रहा करें,
बिना बुलाये बोला न करें,
और बिन बोलाये कहीं जाया न करें,
शहर की सड़कें ख़स्ता बेहाल हैं,
उन्हें गुस्ताखी करने का मौक़ा न दें,
चलो हम मान लेते हैं एक स्वर से
लक्ष्मीकान्त एक जिन्दा दिल बुजुर्ग कवि हैं
चिन्तक और जिजीविषा के साधक हैं।''

लेकिन इस तरह के प्रस्तावों के बाद भी
घर से निकल पड़ते हैं लक्ष्मीकान्त
हिलते डुलते, दो कन्धों की तलाश में

क्योंकि अपने को चार कन्धों पर सवार
देखने से डरते हैं।
कहते हैं : "मैं ने जीवन भर नौकरी की ही नहीं
इसलिए मुझे पेनशन देने का किसी को
कोई अधिकार नहीं,
जिन्दगी भर जो आराम करते हैं
वह रिटायर होते हैं
मरते हैं किसी सेठ के अटे-सटे
गोदाम में एक मरे चूहे की तरह
जो जिन्दगी भर गोदामों में रहते हैं
वह न तो हवा में रोशनी में जिन्दा रहते हैं
न ही जानते हैं बिलों में रहना
रघुवीर सहाय के मुसुद्दी लाल ही दफन होते हैं
क्योंकि फैलाते हैं प्लेग। महामारी।

लक्ष्मीकान्त जिन्दगी भर थकते रहे,
धूप की तपन में तपते रहे,
हवा की गलन में गलते रहे,
बारिश में भींगते रहे धुआँधार शराबोर
हर अर्थी को कन्धा देते,
हर शिशु के जन्म दिन पर टाफी बाँटते,
हर जिज्ञासु की शंका टटोलते,
और हर "सूडो" की खाल खींचते
ताकि अन्तिम साँस तक थकते रहे लक्ष्मीकान्त
और सड़क की गुस्ताख़ी की पीठ ठोंकते
चलते रहे चरैवेत चरैवेत चरैवेत!

लक्ष्मीकान्त खुले आसमान के नीचे
ख़स्ता सड़कों की पीठ ठोंकते
चलते चलते लड़खड़ाते ही सही,
थकते थकते ही जीना चाहते हैं लक्ष्मीकान्त—

समय आने दो,
मौत को भी थकाते और पीठ ठोंकते
थकेंगे नहीं लक्ष्मीकान्त
अष्ठधातु न सही
दधीची परम्परा में दान देते ही
मरेंगे जियेंगे लक्ष्मीकान्त!

❋❋

सैंतीस

जीवन भर लँगड़ाते रहे लक्ष्मीकान्त।
कभी भी पूरा जीवन जी न सके
कभी विचारों ने साथ दिया तो—
समाज ने नकारा,
कभी समाज ने साथ दिया तो—
परिवार ने नकारा,
पथ-बन्धुओं ने नकारा,
और जब सब ने एक जुट होकर साथ दिया
तो स्वयम् लक्ष्मीकान्त ने नकारा।
इतने थक गये हैं लक्ष्मीकान्त कि—
सही वक्त पर सही निर्णय लेने से चूकते रहे
और जब मिला नितान्त निजी एकान्त
तो कुछ नहीं कर सके, थके माँदे, लक्ष्मीकान्त!

बटमारों ने खूब लूटा रास्ते में,
वे लूटते रहे रुँधते रहे रास्ते,
पर हर क्षण कमरे में बंद लुटते रहे लक्ष्मीकान्त
किसी ने भाव लूटे, किसी ने आचार
और जब नितान्त एकान्त मिला
तब जागी सब की सामूहिक चेतना
आकुल व्याकुल से ठग मारे से सिकुड़ गये सब,
बटमार तो ले गये माल,
यार-दोस्त हो गये बेज़ार,
रास्ते तो साफ हुए लेकिन—
ठग मारे से खड़े हैं बीच सड़क में बेंचते

देखते-देखते सब को कर के दर-किनार
अकेले तने-तनहा बिक गये लक्ष्मीकान्त,
खेलते-खेलते लँगड़ी टाँग,
पहचान न पाये कभी समय की माँग।
चाहते तो हो सकते थे "थिंक टैंक"
किसी भी बौद्धिक दल के,
टाँग सकते थे अपने को
कहलाते कहते "आईडियाज़ बैंक"
खोलते खुलवाते खाते वैचारिक,
बनाते "आईडिया बैंक" के दिवालिये हिसाब।

पर अपनी लँगड़ी टाँग से
कहाँ तक चलते,
हर रपटन पर रपटते, फिसलते, गिरते
आख़िर हो गये हर मोर्चे पर नाकाम,
पढ़ते पढ़ाते भक्ति-रस निष्काम
किसी ने भी साथ नहीं दिया,
बीच सड़क पर खड़े देखते रहे फौजी टैंक,
एक दम ब्लैंक
कतरा कर चले गये सभी,
लुटाते लेफ्टिनेन्ट जेनरल का रैंक

और इस तरह
जीवन भर बीच सड़क पर
हर रिकशे आटो, और बस को,
आवाज देते बीत गये दिन,
पूरा जीवन जी न सके
रह गये आधे-अधूरे
या फिर एक दम ब्लैंक!

❄❄

अड़तीस

जब हाथ में एक एक कील लिए
सैकड़ों दोस्त, मित्र, शुभेच्छु
ताबूत में आख़िरी कील जड़ने को उद्धत हों
तो विकल्प ही क्या है लक्ष्मीकान्त के सामने—
सिवा इसके कि अपने को जिन्दा सुपुर्दे-ताबूत करके
सब को समान अवसर दें कि जो चाहे
आखिरी कील ताबूत में जड़ दे।

लेकिन परेशानी यह है कि—
हर व्यक्ति आख़िरी कील ख़ुद जड़ना चाहता है,
और ताबूत एक है
और खुद जिसने अपने को ताबूत के सुपुर्द किया है
वह लक्ष्मीकान्त एक है,
और यह दोस्त दुश्मन जो सैकड़ों की संख्या में हैं,
लक्ष्मीकान्त के जीवन के अनेक पहलू हैं
हर पहलू अपने आप में पूर्ण हैं
और ये दोस्त दुश्मन एक दूसरे के प्रति अविश्वासी हैं,
फिर एक अकेले लक्ष्मीकान्त कैसे
सब की इच्छा पूरी कर सकते हैं?
क्योंकि न वह एक से अनेक हो सकते हैं
और न यह दोस्त अहबाब अनेक से एक हो सकते हैं
सुपुर्दे-ताबूत करने के बाद भी
सुपुर्दे-ख़ाक नहीं हो सकते लक्ष्मीकान्त
और इस तरह ताबूत में पड़े पड़े
उस क्षण की प्रतीक्षा में हैं
जब कि ये सारे दोस्त, अहबाब, दुश्मन, ओ नक्काद

एक हों और आख़िरी कील के नाम पर
किसी एक का चुनाव करें।

कितने बेबस और लाचार हैं लक्ष्मीकान्त
काश वह खुद अपनी ताबूत में
अपने हाथ से ही आख़िरी कील जड़ पाते?
और जिन्दगी के आख़िरी मंजिल पर
आख़िरी फैसला ख़ुद कर पाते।
काश ऐसा हो सकता
काश ऐसा कर पाते।

उन्तालीस

मिले आज लक्ष्मीकान्त को कबीरदास
लुकाटी लिए खड़े थे सरे बाज़ार,
कह रहे थे : ''मत चलो मेरे साथ।
मत जलाओ अपना घर। रमैय्या की जोरू को
गालियाँ मत दो।
जी सको तो जियो ''अपना सत्य—''
मेरे सत्य की छान बीन मत करो।

मेरा सत्य अपने ही शरीर में आग लगा कर
पहाड़ की चोटी से कूदने का अनुभव था,
''मेरे सत्य'' को बुझा नहीं पाई हिमालय की—
बर्फीली चोटियाँ। ''मेरे सत्य'' को जला नहीं पाईं ज्वालामुखियाँ।
मुझे तो ले गये दोनों : फरिश्ते और देवदूत ;
इसलिए मैंने ''अपना सत्य'' जिया था,
उसी ने दी थी जिन्दगी—
उसी का सत्य ढूँढ़ने में जो कुछ बना
लिखा मैंने नहीं। कहा। सुना। सुनाया।
आया काशी से मगहर अकेला—
केवल ''अपना सत्य'' जीने के लिए।

मत लगाओ ''मेरे सत्य'' को हाथ
तुम गन्दे हो जाओगे,
''मेरे सत्य'' में धुँधलका नहीं है,
''मेरे सत्य'' में है आग की लपटें,
''मेरा सत्य'' सुलगता नहीं—
वह जिसे पकड़ता है—छोड़ता नहीं
''मेरा सत्य'' किसी को छेड़ता नहीं
लेकिन जो छेड़ता है : उसे छोड़ता नहीं।

बड़े बड़े मथुरा के चौबे ढूँढते रहे
मेरे सुन्नत का अर्थ।
बनाते रहे मिल्लत का विद्रोही, काजी, मुल्ला,
और कट्टरता ढूँढते रहे मुझ में काशी के
कोका पण्डित। नामवर ठाकुर ढूँढते रहे उम्मत।
काश ये समझते मेरा दर्द
किताब को "कताब" कहना
मेरी मजबूरी थी, क्योंकि पण्डित हो या मुल्ला—
दोनों ही किताब के कायल हैं
इसीलिए मैने कहा—लिखा नहीं—
किताब को "कताब"—
वैसे मैं कोई आफ़ताब नहीं था।

मैं तो मगहर आया किताब को "कताब" कहना
सीखने, सुनने, और करघे की धुन में मैंने सुना
केवल ताने बाने का षट-राग
और मैंने अपने को जो कुछ भी सुना सुनाया
उसी को कहा "सबद" "साखी" "रमैनी"
क्योंकि मैंने "सुना" और "कहा"
क्योंकि मैंने कहा और सुना
क्योंकि मैंने लिखा नहीं
मैंने कहा "कताब"।

मथुरा के चौबे ढूँढते रहे सुन्नत,
काशी के नामवर ढूँढते रहे मिल्लत
बहुत परेशान थे कबीरदास
बहुत ही हैरान थे लक्ष्मीकान्त
कबीरदास कह रहे थे सरे बाज़ार
"जी सको तो "अपना सत्य" जियो!

❋❋

चालीस

आज शायद लक्ष्मीकान्त का ईश्वर—
भी नहीं है उनके साथ—छीन लिया मेरे ही ईश्वर को अनेक पाखण्डियों ने
सभी कुछ है ''चाक-चौक''
साफ़ सफ्फ़ाफ—पर जाने क्यों
आज सब कुछ पर्दे में लगता है ठलता
धुँधुला, धुँधलका, खंगला खंगलता,
आज इस कंगले मरुथल में
अकेले हैं लक्ष्मीकान्त।

फिर भी अकेले एक कमरे में बंद,
''सरयू कुटीर'' में जप रहे हैं रामनाम
क्योंकि सरयू तट पर बन रहा राम का मंदिर
और सरयू पार के निवासी हैं निर्वासित इधर—
सरयू के इस पार
सब कुछ है ''चाक-चौक''
कहीं भी एक धब्बा नहीं
महज़ ''फख़रू '' के अब्बा नहीं
इसलिए मायूस हैं लक्ष्मीकान्त।
क्योंकि जो नहीं रहे वह प्राणी नहीं थे,
थे आदमी ही पर कहते थे—''अशरफ़ूल मख़लूकात''

जाने कितनी उदास रातें काट दी हैं
कितनी अभी बाकी हैं
जानते नहीं पर फिर भी जी रहे हैं
''सरयू कुटीर'' में सरयू पार के लक्ष्मीकान्त
सरयू के इस पार जप रहे हैं राम नाम।

सरयू है राम की, पर राम के थे फ़ख़रू भी
कभी लड़े नहीं तुलसी और रसखान,
ख़ान-ख़ाना का दस्तरख़ान था पूरा हिन्दुस्तान
"सूरदास" के थे "रसखान" और तुलसीदास के
"अब्दुल रहीम ख़ान-ख़ाना" रबो-रबाब
पर नहीं रहा फखरू का "अल्ला"
उसकी जगह रहा एक काले धब्बे का छल्ला।

आये थे भोला नाथ तिवारी,
पंक्ति-पावन सर्व श्रेष्ठ सोहगवरा के
दे गये दावत यज्ञोपवीत का
आये थे शफ़ीक़ नक़वी—
दे गये दावत-नामा बच्चे के सुन्नत का,
बहुत याद किया लक्ष्मीकान्त ने
पर याद आये इस्माईल मेरठवी
कह गये मुझ से कान में :
जो बात कहो साफ हो सुथरी हो भली हो
कड़वी न हो, खट्टी न हो मिश्री की डली हो।"

लेकिन आज ढूँढ रहे हैं "बात" लक्ष्मीकान्त
ओ! कबीरदास बोलो
आज ईश्वर नहीं है मेरे साथ
सरयू पार के लक्ष्मीकान्त के राम का
मंदिर बन रहा है—
बोलो क्या कहे लक्ष्मीकान्त सब कुछ तो है चाक-चौबन्द
जिन्दा रहे देवबंद और काशी
क्या करेगा बेचारा पूर्णिमासी
बोलो कबीरदास
क्या कहें लक्ष्मीकान्त
आज उनका ईश्वर भी नहीं उनके साथ!

❋❋

इक्तालीस

लोग तीर्थों को धाम कहते हैं
लक्ष्मीकान्त भी गये बापू-धाम
साबरमती के तट पर खड़ा मिला एक युवक
बोला—"तुम्हारी ही प्रतीक्षा थी"। पूछा
तो बताया—"मैं हूँ तुम्हारा ही प्रतिरूप"।
साठ साल पुराना लक्ष्मीकान्त।
लक्ष्मीकान्त ने इसे ग़ौर से देखा।
वह वह नहीं थे।
लक्ष्मीकान्त चुप हो गये।

वह हँसा। बोला :
"अब बापू को नमक बनाने डांडी नहीं जाना।
साबरमती के ही जल में इतना खार है—
कि अब जब भी बापू का अवतार होगा
वह बना लेंगे नमक यहीं साबरमती तट पर।
तुम बूढ़े लक्ष्मीकान्त इतने निकम्मे थे कि
अपने समय में उस साबरमती के संत को
अकेले भेज दिया डाँडी
और ख़ुद ला पता रहे।"

लक्ष्मीकान्त ने उस प्रतिरूप को देखा
बड़ा उग्र था। मुट्ठियाँ भींचे अर्द्ध विक्षिप्त सा—
वह एक साँस में कहता जा रहा था—
"तुम क्या जानों मानव संसाधन को?
वह तो मैं हूँ जिसने निकाला खम्भात से नमक का

पूरा नगर। बदल दिया इतिहास
कितना नमक था खम्भात में? मुझ से पूछो''
''देश के गौरव को तुम ने मिटा दिया।''

लक्ष्मीकान्त ने मुड़ कर देखा उस प्रतिरूप को।
वह दैत्य लग रहा था,
साबरमती की लहरें थरथरा रही थीं
और उसकी दैत्याकार छाया लहरों पर तैर रही थी।
वह कहता जा रहा था—
''अब अगले अवतार में ''गाँधी नगर'' से ''गाँधी धाम'' तक
नमक ही नमक बनेगा। अपने देश का खार
बाहर नहीं जायेगा।
अपना नमक अपने ही घर में रहेगा।''

लक्ष्मीकान्त ने देखा वह राक्षस लग रहा था।
वह कहता जा रहा था :
''तुम्हें क्या पता मनुष्य का रक्त कितना खारा होता है?
पसीने में कितना नमक होता है?
आँसुओं में कितना नमक गल कर बहता है?
तुम बूढ़े लक्ष्मीकान्त—
तुम मानव संभावनाओं की बात करते हो?

देखो मैंने आदमी को नमक के पुतलों में बदल दिया है
रुलाओ इसे तो आँसुओं में नमक,
काटो तो रक्त में नमक,
धूप में बैठाओ तो पसीने में नमक,
सुघों मानुषी गंध में नमक
अब ''बापू नगर'' ''बापूधाम'' में नमक हराम कोई नहीं
मोदियों की दुकान में नमक नहीं

नमक के पुतले मिलेंगे
जहाँ से निचोड़ों वहीं से नमक।''

लक्ष्मीकान्त ने आँखें खोलीं
वहाँ कोई नहीं था,
बापू की प्रार्थनारत मूर्ति से
खारे आँसू बह रहे थे।

❄❄

बयालीस

कहीं किसी मरुथल के द्वार खड़े
सांकल खटखटा रहे हैं लक्ष्मीकान्त
शायद इस भरे पूरे मरुथल में
मिले कोई वीराणी लिए हरियाली
दे दे आदमी को जीवन
और जीवन को आदमी।

व्यथित हैं लक्ष्मीकान्त
एक ही है आदमी और एक ही है जीवन
और कितने घात प्रतिघात उपोदघात
कितनी परिभाषायें—
कितने हैं भाष्य और कितनी व्याख्यायें
कितने हैं बन्धन कितने अनुबन्ध है
कितने हैं सम्बर्तन कितने प्रतिबन्ध हैं
किसी ने सोचा नहीं, देते गये सभी
अपने अपने देश-काल में आदमी को यातनायें,
पर जाने क्या है कि आदमी झेल रहा सारी बाधायें,
और जगाता रहा आशायें कि—
मरुथल तो बाहर है
मन में है अकूत हरियाली इन्द्रधनुषी,
सतरंगी आलोकित आलोड़ित रंग शोख़
देख कर सब कुछ गुमसुम हैं लक्ष्मीकान्त—
क्यों मानें और क्या मनाये।
एक है आदमी और अनेक हैं बलायें।

कहीं "भी नहीं" जल की बूँद

फैला है क्षार-क्षार का मरु
जिस विशाल मरुथल का माप है क्षितिज
ओर क्षितिज भी स्थिर नहीं
दिशायें बाँट कर हो जाती है ओझल
फिर भी क्षितिज के पार से आती रहेंगी
माँड के गीत संगीत की स्वर लहरियाँ
ऊँटों की कतार से भयभीत छायायें
भटकेंगी इधर से उधर लिए बेबस मुद्रायें
जानते हैं लक्ष्मीकान्त में भी कहीं होगी
हरियाली, कहीं किसी जलाशय में मरु यह
पायेगा अपना मर्मस्थल,
संगीत के स्वर सुनते हैं, सुनते हैं फिर भी
साँकल खटखटाते हैं
गले तक डूबे मरुथल में निराश नहीं लक्ष्मीकान्त
पनपते मरुथल में उगा रहे सपनों का सम्बल,
किसी अनजान द्वार पर खटखटा रहे साँकल।

कैसे बतायें कि कहीं न कहीं हर मरुथल में होता है एक ऐसा ठौर
कहीं कि जलाशय के आस-पास होगी हरियाली
हरी भरी घाटी का एक टुकड़ा, झाड़ झंखाड़ कैक्टस, नागफनी
मरुथल कहीं न कहीं होगा धनी
इसीलिए मरुथल में दे रहे हैं दस्तकें
बहुत भरे मन से खुद को समझाते
कहते हैं : आदमी फिर भी है आदमी
क्योंकि आदमी की पहचान केवल आदमी होने में है
न है पाप, न है पुण्य
न है घात-प्रतिघात उपोदघात
न व्याख्या न भाष्य
आदमी है जीवन के साथ
और जीवन में नागफनी भी फूलती है
आँधियों में झूमती है,

हरियाली संजोये रेती की किरकरी में जोती है
जीवन में मरुथल, आँखों में जल
मरुथल के द्वार खड़े खटखटाते सांकल
जोखे हैं प्यासी हरियाली द्वार खुलने पर
समेट लेगी आँखों का जल
जीवन का यही सम्बल
सोय खोय गुम-सुम हैं लक्ष्मीकान्त।

❋❋

तिरालीस

जीवन में कई पड़ाव आये
पर कहीं भी टिके नहीं लक्ष्मीकान्त,
बेपानी होने पर भी ढूँढते रहे
पानी के रुख की ढलान,
करते रहे निरन्तर एलान पर एलान
कहीं भी नहीं मिली ठाँव
जिन्दगी भर विचरते रहे
कहीं भी नहीं मिली छाँव,
जीवन में आये कई पड़ाव
पर कहीं भी टिके नहीं लक्ष्मीकान्त।

करते रहे यात्रायें इस नर्क से, उस नर्क तक
यानी अपनी ही विषमताओं के उलझे हुए
इस तर्क से उस तर्क तक
और प्रत्येक तर्क उपजाता रहा नया नर्क
जिसे जीने के लिए हमेशा मजबूर रहे लक्ष्मीकान्त।

पूछने पर कहते हैं पड़ाव ठहराव नहीं है,
निरन्तर यात्रा में रत रहने से ही पड़ाव मिलते हैं,
कोई पड़ाव अन्तिम नहीं होता,
और इस तरह प्रत्येक पड़ाव जो आसानी से
मंजिल बन सकता था
उसे यात्रा के सोपान में बदलते रहे लक्ष्मीकान्त,
यानी लक्ष्य हीन लक्ष्य को
पड़ाव की संज्ञा देते उसे नर्क समझ,
हमेशा हर पड़ाव से आगे बढ़ते रहे,

कहीं रुके नहीं, गाते रहे
पुराना अभियान गीत :
"रुकना तेरा काम नहीं
चलना तेरा काम",

और इस अन्त-हीन यात्रा में वह
बुढ़ापे में भी जवानी की चाल चलने में
टूटते, बिखरते हर चौराहे के, नाले के कलवर्ट को
"इनवर्ट" में बदलते रहे।
बैठे भी तो इस अन्दाज से—
कि कहीं पुलिया का मुण्डेर
गावतकिया न बन जाय
और वह नींद में सो जायँ,
लोग समझें कि अपने लक्ष्य पर
सो गये लक्ष्मीकान्त।
आखिर कब तक जगते
कभी तो सोना था ही
सो सो गये लक्ष्मीकान्त।

❋❋

चवालीस

मेरी ही संतान है,
पुरानी नींव के पत्थर को हटाने में लगी है।
स्वाभाविक ही है उनका यह प्रयास
पर वह व्यंग्य में गा भी रही है :
''तर काटे तरकुलवा काटे, काटे वन के खाजा
हथिया पर धुनधुनवा बाजे, बजे मौनिया राजा''

सही है यह बात कि
लक्ष्मीकान्त ने मित्रों में विश्वास जगाने के लिए
सारे ताड़ वृक्ष काट डाले हैं,
लेकिन वे स्वयम् कोई राम तो थे नहीं—
और न मित्र ही राज निर्वासित वानर-राज सुग्रीव
इसलिए लंका विजय में भी वह असफल ही रहे,
क्योंकि जिस लंका को वह जीतना चाहते हैं
वह भी सोने की नहीं बालू की है
फिर भी उनके ही सामने उन्हीं की संतान
व्यंग्य भरे स्वरों में झूम झूम कर गा रही है
''तर काटे तरकुलवा काटे, काटे बन के खाजा
हथिया पर धुनधुनवा बाजे, बजे मौनिया राजा।''

और लक्ष्मीकान्त सुन रहे हैं व्यंग्य
कि उन्हीं की संतान उन्हें कटघरे में खड़ी कर रही है
लेकिन लक्ष्मीकान्त ने न तो राज के लिए
और न ही ताड़ वृक्ष काट कर शपथ
खाई थी, हाथी नशीनों के लिए
न उस धुनधुने के लिए जिसे

व्यंग्य में बजाते हुए झूम रही है उनकी संतान।

कहीं अच्छा लगता लक्ष्मीकान्त को
यह सब सुनना लेकिन
फिर भी सुन रहे हैं लक्ष्मीकान्त
अपनी ही संतान द्वारा अपनी कपाल-क्रिया
देख कर प्रसन्न हैं—
और दूसरी ओर उनकी सन्तान गा रही है
"राजा की रजाई भीजै मैया का दुपट्टा
खींच मार खींच मार झखरी झपट्टा।"

एक से एक हथियार निकालते हैं बच्चे
मुट्ठियों पर टिकी मीनार की एक एक मंजिल तो ढह जाती है
लेकिन आखिरी मुट्ठी तो नींव की है
वह एक के हथियार से नहीं गिरती,
सब अपनी आस्तीन में छिपे हथियार निकालते हैं;
सभी आस्तीन के साँप को ही हथियार बनाते हैं,
सभी एक साथ सम्वेत स्वर में हथियार चलाते हैं,
सभी एक साथ सम्वेत स्वर में गाते हैं :
राजा की रजाई भीजै
मैया का दुपट्टा
खींच मार खींच मार
झखरी झपट्टा
और नींव की आखिरी मुट्ठी भी ढह जाती है
और लक्ष्मीकान्त की आँखों में रोशनी चमक जाती है
क्योंकि अब तक बिना लंका के विजय के
नींव की आखिरी मुट्ठी उन्होंने नहीं
उनकी संतान ने ढहा दी थी......

❋❋

पैंतालीस

सोना बड़ा महँगा है। उस पर केवल
राजा का अधिकार है,
और चाँदी भी सस्ती नहीं
उस पर भी राजा का ही अधिकार है,
और लोक राजा को सोने के चबूतरे पर
बैठाकर गौरवान्वित अनुभव करता है,
लोक उस सोने के चबूतरे को
चाँदी के छत्र से छाता भी है,
लोक ने राजा जैसी नायाब हस्ती को
हमेशा नायाब बनाया है
और उसके इर्द गिर्द झूम झूमकर
गाया है :

> "सोने के चबूतरा रूपा छावा बाय रे
> दोनों काने मेघवा झूले
> सियरा बैठा बाय रे।"

आज भी उसी धुन पर उसी लय में
जनता गा रही है, झूम रही है उसी
स्वर में उसी ताल पर
उसने केवल राजा का स्वरूप बदला है.....
उसने उस नायाब हस्ती की कीमत नहीं गिराई है
उसे अब संग्रहालय में रख कर
वहीं गीत गाया है जो परम्परा से गाया
जाता रहा है—
उसने केवल राजा का स्वरूप बदला है
और लोक-तंत्र के प्रजा की पीढ़ी
आज भी राजा के इर्द गिर्द वैसे ही

झूम झाम के साथ गा रही है
अन्तर केवल इतना है,
उसने केवल राजा का विशेषण
उसका रुतबा, खिताब, सम्बोधन बदला है
और प्रजा-लोक की संतान
आज भी वही गीत गा रही है :

"सोने के चबूतरा रूपा छावा बाय रे
दोनों काने मेघवा झूले
सियरा बैठा बाय रे।"

और लक्ष्मीकान्त की कलम
यहीं रुक गई—
पूछते हैं अपने से

कौन बदला है? राजा?
प्रजा? प्रजा-लोक?
प्रजा की संतान?

कौन बदला है?

❋❋

सभी दाग़दार थे और
सभी के मुखौटे उतर चुके थे।
हम्माम में सभी नंगे थे—
और घाव धुन्ध अँधियारे में
सभी अपने आप को अजनबी पा रहे थे,
क्योंकि सभी हम्माम में नंगे थे।
साथ ही मुखौटे भी उतार चुके थे।

लक्ष्मीकान्त भी कोई महामहिम तो हो न सके
पर द्वारा-पाल की तरह हम्माम के बाहर खड़े रहे :
शायद कोई अपना मुखौटा भूल जाय
और उन्हें मिल जाय किसी
महामहिम का मुखौटा,
और लिबास और राज-दण्ड,
और फतवा, एलान न करने वाला,
कोई एक ढँढोरची।
लेकिन सब चले गये—
अपना मुस्कराता हुआ मुखौटा लगाये—
जिनके पीछे अनेक गीदड़ों, शेर, चीतों
अजगरों, काँतरों और बिच्छुओं के दंश और
डंक थे। फिर भी सब सतर्क थे
अपना अपना मुखौटा लगा कर ही निकले
अकेले लक्ष्मीकान्त ही द्वार-पाल बने
अपना असली चेहरा ढूँढ रहे थे
क्योंकि जानते थे कि मुखौटे वाले चेहरों से उन्हें
नफ़रत है, और असली चेहरे ही दाग़दार

माने जायेंगे क्योंकि जहाँ सब नकली हो वहाँ
दाग़दार, वहाँ असली चेहरा वाला हो
दाग़दार घोषित होगा। मुखौटे वालों के
फैसले आधे अधूरे ही रहेंगे क्योंकि
"वे सभी दाग़दार थे।"

❄❄

सैंतालीस

''कविता दर्शन है,
और चूँकि कविता करते हैं लक्ष्मीकान्त
इसलिए लक्ष्मीकान्त एक दार्शनिक हैं''
यह फैसला बड़े बड़े शास्त्रियों का है
लक्ष्मीकान्त का अपना नहीं!
सहसा उनके चेहरे पर जो वशिष्ठी
सफेद दाढ़ी उग आई है,
उसकी कोई खेती नहीं की लक्ष्मीकान्त ने—
वह तो रामलीला में वशिष्ठ की भूमिका
करने वाले कल्लन हलवाई ने लगा दी थी.....
होश में आने पर लक्ष्मीकान्त ढूँढते रहे उस वशिष्ठ को
और कल्लन हलवाई
दर्शकों में बैठा हँसता रहा।

किसी ने कहा : ''गर्व से कहो कवि दार्शनिक हैं''
लक्ष्मीकान्त ने कहा नहीं। चुप रहे।
क्योंकि वह नहीं जानते दर्शन। नहीं जानते
दार्शनिक। वह तो जो महासागर लड़ रहे हैं—
वह उनकी अपनी है—लेकिन
इतने आजाद नहीं लक्ष्मीकान्त—
यहाँ जब से कुछ खानों में बँटे हों—
तो सहसा पैदल को फर्जी में
बनाने वाले नहीं जानते
बनाने वाले नहीं जानते

कि ऐसे में क्या गुज़रती है पैदल पर।

इसलिए यदि लक्ष्मीकान्त के चेहरे पर
वशिष्ठी दाढ़ी किसी ने लगा दी,
तो इस में दोष है उस हलवाई का
जो मंदिरों में देवताओं को चढ़ाई गई बासी मिठाई
खरीद कर साल भर देवताओं को उन्हीं की
जूठी मिठाइयाँ चढ़वाता है,
और साल भर में एक बार वशिष्ठ की
भूमिका अदा कर पापों से मुक्त हो जाता है।

लक्ष्मीकान्त की उदासी का कारण
वशिष्ठी दाढ़ी नहीं, उनका अपना महासमर है
पैदल से फ़र्ज़ी और फ़र्ज़ी से पैदल
की विडम्बना में उनका अपना दर्द है
उनकी अपनी व्यथा है।
जब पूरे बसेवट में आग लगी है
तो क्या करेंगे वेणु गोपाल
कितनी आग पीयेंगे और कितना
देंगे वशिष्ठ को
लड़ना होगा सब को अपना-अपना
महा समर। अपना-अपना अकेला मुद्दा।

❄❄

अड़तालीस

सिंह और मेढक की लड़ाई नहीं होती
ऐसा कभी अंगद ने रावण से कहा था,
लेकिन यह कभी नहीं कहा था कि
सिंह और हाथी की लड़ाई वर्जित है
और देखिए कि लक्ष्मीकान्त कभी खुद ही
मेढक तो कभी शेर
और कभी शेर तो कभी सिंह
और जब दोनों रूबरू होते हैं, तो—
न रावण रहता है न राम, न अंगद न हनुमान।
लड़ाई अकेले लड़ते हैं अपने ही से लक्ष्मीकान्त!

हाथी ने कभी मेढक की टर्र-टर्र सुनकर कहा था :
"नाक की नकटी भुई की चपटी, मेघवा सारे
तोरो कौनों गिनती है"—क्योंकि
हाथी जानता था कि जब सिंह और मेढक की
लड़ाई नहीं हो सकती—
तो हाथी से क्या होगी?
वह तो सिंह से भी बड़ी डील डोल वाला है
उसकी और मेढक की लड़ाई क्या होगी।

पर यह लड़ाई नित्य लड़ते हैं लक्ष्मीकान्त
कभी मेढक और सिंह की लड़ाई
कभी मेढक और हाथी की लड़ाई
पर अपने ही सिंह से अपने ही हाथी से

कभी नहीं लड़ते लक्ष्मीकान्त;

देख रहे हैं लक्ष्मीकान्त
आज मेढक हाथी की पीठ पर है
और टर्र टर्र स्वर में चुनौती पर चुनौती दे रहा है
''सिंहों का समय गया हाथी राजा
चलो वानर-सुत की उक्ति उलट दो''।

यह संवाद कोई और नहीं सुन रहा था
यह संवाद कोई और नहीं कह रहा था
सुन रहे थे केवल लक्ष्मीकान्त
राम मर्यादा पुरुषोत्तम हैं—
वह स्वयम् सिंह कैसे हो सकते थे,
मेढक को भी स्थान देने वाले राम सबके हैं,
वह जानते हैं : एक मक्खी सिंह के सारे दर्प को
मथ सकती है, ठीक वैसे ही जैसे
एक चींटी हाथी के मौत का कारण
बन सकती है।

और देख रहे हैं लक्ष्मीकान्त
हाथी के पीठ पर बैठा मेढक
टर्र टर्र कर रहा है,
आवेश में हाथी पागल सा सूँड उठाये
दौड़ रहा है, पूँछ से गर्द अपने ही ऊपर
फेंक रहा है, सूँड से भी मेढक को
पकड़ना चाह रहा है। हाथी वार पर वार
कर रहा है और मेढक
केवल इधर से उधर पाला बदल रहा है,

लक्ष्मीकान्त का एक अंश थक रहा है
और दूसरा इधर से उधर बच रहा है।

देख रहें हैं लक्ष्मीकान्त अपने ही रूबरू
शेर गरज-गरज कर अपने ही अयालों से जूझ रहा है
एक मक्खी है जिसे वह निगल जाना चाहता है,
पंजे में आ जाय तो पीस दे
पर मक्खी है कि शेर के दाँतों के बीच से
रास्ता बना निकल आती है
देख रहे हैं लक्ष्मीकान्त;

शेर बेहाल है
देख रहे हैं लक्ष्मीकान्त हाथी बलथक हो
निढाल है,
शेर की गर्ज से सारा जंगल हिल रहा है
पर मक्खी खुशहाल है
हाथी के चिंघाड़ से शेर भी डबक रहा है
पर मेढक इधर से उधर निहाल है,
अपने ही दोनों रूप देख रहे हैं लक्ष्मीकान्त
एक थक रहा है दूसरा थका रहा है
शेर की रीढ़ गल रही है,
और हाथी का चिंघाड़ क्रन्दन में बदल रहा है।

गम्भीर मुद्रा में चुप हैं लक्ष्मीकान्त
प्रतीक्षा में हैं उस क्षण के
जब शेर लेट जाय
और हाथी अपने पराक्रम से
थक जाय।
पर दोनों ज़िन्दा रहे!

❋❋

उन्चास

आईने भी तो निढाल होतें हैं
बना देते हैं लम्बे चौड़े दबंगों को कुबड़ा,
और बौनों को लम्बी चौड़ी छाती वाला,
क्षत-विक्षत कुरुक्षेत्र के मरु से जीते जागते प्रेत से,
लक्ष्मीकान्त देख रहे हैं अपनी ही शकल उसी में
जो आईना है समय का।

कटे हुए हाथ झूल रहे थे गुजरात में,
पैर टंगे थे गोधरा की सुलगती भट्ठी में,
आँखें निकली पड़ी थी पोखरन के मरुथल में,
और विकृत चेहरे वाले लक्ष्मीकान्त
खंभात की खाड़ी से निकाली गई हजारों वर्ष
पुरानी अपनी ही लाश में ढूँढ रहे थे अपनी पहचान।

हादसे पर हादसा झेलते कहीं किसी वीरान में नहीं
अपने ही शहर के चौराहे पर,
अपनी अपंग संस्कृति की अर्थी पर शोक मनाते
अनेक दुर्घटनाओं के बीच से भग्नावशेष के ढूह में
अकेले लक्ष्मीकान्त मौन है और अपने ही नगर को
महा नगर बनाने में हर शहर जो वीरान हो रहा है
उसका ह्रास संत्रास झेल रहे हैं।

सियापा करने वालों की जमात से अलग
अकेले महानगर की अँधेरी रात में
अपनी ही लाश लिए निकले हजारों वर्ष पूर्व
की अपनी ही लाश ढूँढ रहे हैं लक्ष्मीकान्त

यहाँ इलाहाबाद में, गुजरात में कटे हाथ
गोधरा की भट्ठी में सुलगती टाँगें
पोखरन में आँखें, आलोचना में हाथ
और कौला चारी के हाथ में झूलती
मानव कंकाल के खप्पर में अपना दिमाग़।

खंभात की जल-मग्न भग्नावशेष से
सध्यः स्नात निकले कंकाल में
ढूँढ रहे हैं अपने ही "आज"

कौन समझेगा इस पीड़ा को
कि अपने ही पूर्व रूप के साक्षी होंगे
आज अपने समय में अकेले अपने आप।
अपनी ही शनाख़्त का प्रमाण देते
कहते, समझाते, कि यह लाश आदमी की है
और लक्ष्मीकान्त भी एक आदमी ही हैं!

❄❄

पचास

अंधी नसल के अंधे पिता लक्ष्मीकान्त
जिस भी कुएँ में गिरे कुआँ सूख गया।
किसी ने कहा धर्मात्मा थे,
धर्मात्मा के लिए कुआँ सूख जाता है,
किसी ने कहा महापापी जब कुएँ में गिरता है
सारा जल सूख जाता है!

दुविधा में संत्रस्त समाज आज तक
उहा-पोह में निर्णय नहीं कर पाया
लक्ष्मीकान्त धर्मात्मा हैं या महापापी पर
एक अन्धे की रक्षा के लिए कुआँ सिमिट जाता है,
धरती का जल तल में चला जाता है,
''अंधे की चूक न महात्मा बनाती है न पापी''
किसी अंधे ने कुएँ के भीतर से आवाज़ दी।

लक्ष्मीकान्त ने कहा महाधर्मात्मा भी आदमी होता है
महापापी भी होता है आखिर आदमी,
अंधे की चूक को महत्व मत दो,
आदमी को जिन्दा रखने के लिए ही
कुआँ सूख जाता है, वज्र से कठोर छाती में ही
आदमी शरण पाता है।
आदमी भी आदमी के शरण के लिए
जब जगह नहीं दे पाता
कुआँ उसे अपना लेता है!

❋❋

इक्यावन

कौन समझाये मिट्ठू को
वह तोता जो घायल ज़ख्मी उसके हाथ में।
आया था उड़ गया,
अब वापस नहीं आयेगा।

फिर भी वह नहीं मानती,
उसने आँगन की अनार वाली फलों से
लदी डाली पर एक लोहे का पिंजरा
टाँग दिया है, उसके दरवाज़े खोल दिये हैं
और उसे विश्वास है वह आयेगा।

रोज़ सुबह उठकर वह उस पिंजरे
को खूब खूब धोती है
कुल्हियों में ताज़ा जल, और एक फल
का टुकड़ा और अपने हिस्से अखुआये चने
और कुछ शिशुवत भोले सपने
पिंजड़े में सजा देती है।
उसे विश्वास है : जब कभी भी वह तोता
किसी सैलानी के ढेले या गुलेल से
घायल होगा—
वह उस पिंजड़े में आयेगा
मिट्ठू उसका उपचार करेगी,
टूटी टाँग में पट्टी, मरहम का ट्यूब,
लाल दवा की शीशी—
सब उसने उसी पेड़ के नीचे बने

घरौंदे में सजा रखा है,
उस का घरौंदा अब तक
एक नर्सिंग होम में बदल चुका है,
पर महीनों गुज़र गये,
जैसे शहर के सौलानी बुढ़ा गये
किसी ने ढेला उठाया ही नहीं,
सब के गुलेल टूट गये, कोई भी तोता
उस तरह घायल हुआ ही नहीं।

कौन समझाये मिट्ठू को,
वह तोता जो घायल हो कर
उसकी शरण में आया था
अब नहीं आयेगा—
अब तोते घायल नहीं किये जाते
अब वह कत्ल होते हैं!

❋❋

बावन

रामरेखा नदी के किनारे
उदास बैठे सोच रहे हैं लक्ष्मीकान्त,
क्या तीर से खींची गई रेखा
एक नदी बन सकती है?
पर रामरेखा एक नदी के रूप में आज भी बहती हैं जैसे बहती थी पहले,
साल वनों के बीच लहराती हरित भूमि
सरयू पार के इसी तट पर बसे थे विस्थापित
ऋषिपुत्र जिन्होंने राम के अश्वमेध में
भाग ले राम को शाप मुक्त किया था।

रामरेखा आज भी है
पर नदी लुप्त हो रही है,
संकल्पित तीर से खींची गई रेखा बहुत दिनों तक
शील का निर्वाह आज तक करती रही,
अब वह लुप्त हो रही है—
क्योंकि हम जो संकल्प-हीन
अपनी अपनी आस्था ही गिरवी रख चुके हैं
किसी महाकरुण से द्रवित सत्य का शील
समझने में असमर्थ है।
इसीलिए रामरेखा धीरे धीरे विलुप्त हो रही है
पुनर्वास को नदी की धार राम को ढूँढ रही है
और उसी किनारे उदास बैठे लक्ष्मीकान्त
इतिहास से पुरातत्त्व की यात्रा में लीन हैं।

❄❄

तिरपन

रामरेखा एक नदी है
राम के शील की,
सलिल है, जीवन की
साल वनों में गुँजती
ब्रह्म-निष्ठ चरचाओं की
पुनर्वास है विस्थापित ऋषि पुत्रों की।

सोच रहे हैं लक्ष्मीकान्त :
यह काया हीन नदी तो एक
ज्योमितीय रेखा है,
राम के तीर से उपजी
पृथ्वी की कोख से जन्मी
उनके ही उदार काया-कल्प को
नदी न सही
राम रेखा तो जीवित है!

❄❄

चउवन

मत समझाओ लक्ष्मीकान्त को
लक्ष्मण-रेखा की मर्यादा,
वह वर्जना रेखा है रावण की,
मर्यादा बाँधती नहीं, लक्ष्मण-रेखा
सिर्फ रावण को भयभीत करती है,
सीता को बाँधती है,
वह पुनर्वास की रेखा नहीं
वह मात्र एक तीर से बना मिथक है।

सोचते हैं लक्ष्मीकान्त,
तीर जो भी हो पृथ्वी को ही बेधता है,
राम का तीर पुनर्वास का था,
पृथ्वी उर्वरा लह-लहाई;
लक्ष्मण की रेखा वर्जना की थी,
उर्विजा के आँखों का नीर
आज तक नहीं सूखा।

रेखा तो मिट गई
उसी क्षण
जब सीता ने उसे तोड़कर
भिक्षु को भिक्षा दी
किन्तु वर्जना जीवित है।
और जीवित है नारी की मुक्ति
की गाथा!

पचपन

पूछ रहे हैं लक्ष्मीकान्त :
फरसा जिसे परशुराम ने हजारों नरबलि
के बाद लोहित में धोया था
उसे केरल तट पर समुद्र में विसर्जित
करने गये थे या हिंसा के प्रायश्चित स्वरूप
तट पर खड़े चिन्ता मग्न होने?
या समुद्र से शरण माँगने?
या भावी मर्यादा-पुरुषोत्तम राम
की जल समाधि लेने की
पूर्व-भूमिका निभाने?
या अपने ही द्वारा संहार और दान
दोनों से अभिशप्त पीड़ित
समुद्र से पृथ्वी का दान लेने?

पूछ रहे हैं लक्ष्मीकान्त
सत्य क्या है, लोहित का?
सत्य क्या है विसर्जन का?
सत्य क्या है शरण का?
सत्य क्या है भूमिका का?
सत्य है समुद्र का हटना और?
अहंकारी को शरण देना?
सत्य है समुद्र का गंभीर होते हुए भी
अपने अहंकार की सीख देना,
ताकि जल समाधि के पूर्व
श्री राम का सेतु-बंध बन सके।

❋❋

छप्पन

वे थे केवल बुत-शिकन, मूर्ति-भंजक
समझ नहीं पाये आस्था उन बुत-परस्तों की
जिन्होंने अपनी ही आत्म-निष्ठा के बल पर
मूर्तियों में प्राण प्रतिष्ठा की थी;

समझ नहीं पाये अन्तर उस पाषाण प्रतिमा—
और एक ठोकर दे कर गिराने वाले पत्थर के ठोकरे का,
इन्सान हो, इन्सानेतर होकर प्रतिष्ठित करता है
''वाहिदे मुतलक'' ''शुद मोख्तार-रब'' और ''रब्बुल आलमीन''
जो पैदा कर इन्सान और हैवान, फरिश्ते और शैतान
नाम देता है इन्सान को ''अशरफूल मख़लूकात।''

वे भटकते रहे कुफ्र और जहाद के बीच
तफ़वे और फ़साद के बीच
तौबा और मनकिर के बीच
तलवार और हथौड़ियाँ रख कर
ढूँढते रहे ''हक़'' और ''अनलहक़'' के भेद
समझ नहीं पाये ''संगे अस्वत'' का मिज़ाज
जिसे चूमने की हसरत लिए जीता और मरता है
हर दींदार!

रुँधे गले से कहते हैं लक्ष्मीकान्त
वे कर नहीं पाये फर्क एक बुत तराश और
एक कोहकन में, उन्हें बुत तराश तो दुश्मन लगा
पर क्या कहेंगे उस कोहकन को
जिसने ''कोहे बेसबात'' की छाती चीरकर
एक ''जये शीर'' निकाली और वह भी किसी रब के लिए

नहीं ज़माने की सब से हसीन बुत शीरीं के लिए
और एक अफवाह के तहत
जूये शीर को अपनी बुत परस्तो की रोशनी
में पहाड़ खोदने वाले तेशे से खुद ही बन गया,
शहीदे वक्त कोहकन फ़रहाद।
और अपने साथ ले गया,
संसार की सबसे हसीन बुत शीरी।

कहते हैं लक्ष्मीकान्त—
पता नहीं आज ईरान में "कोहे बेसबात"
है भी या नहीं,
पता नहीं "जये शीर" का नाम निशान
है भी या नहीं
पर ज़िन्दा है परम्परा एक "कोहकन" की
जो एक बुत के लिए सब कुछ कर सकता था,
और "जये शीर" की लहरों पर
शीरी के साथ तो कयामत जिन्दा रहेगी!

सत्तावन

वे जो तोड़ते हैं बुत वह भी इन्सान हैं
और वे जो पत्थरों में देखते हैं आकार
और आकार में एक अदृश्य संतुलन,
साँस लेती प्रतिमायें, अलक्ष्य अदृश्य भंगिमायें,
और प्रतिष्ठित करते हैं उन सब में प्राण;

वे जो नफ़रत को समझते हैं धर्म,
और धर्म को समझते हैं किसी ग़ैब का हुक्म,

वह जो कहते हैं "खल्क़ खुदा" का और
हुक्म बादशाह का,
और जो कहते हैं "खल्क़ खुदा" का और
"आदेश आत्म" का

वह जो "जाये-पाक" का परिक्रम कर
फेंकते रहे शैतान पर पत्थर—
केवल अपनी अक़ीदत के नाम पर,

वह जो हिजरत और मुहाजिर के बीच
परिव्राजक और संन्यास का अर्थ नहीं समझते

वह "मंत्र" और "आर्ष" वाणी में ढूँढते रहे प्रमाण,
वह जहाद करते रहे और मुजाहदीन बने रहे
और न्याय अन्याय का भेद नहीं समझ सके,
हिंसा और अहिंसा के मर्म से वंचित

सिर्फ "फिदाईन" और "कौमियत" तक
सीमित रहे—
और अपने अपने अनुभवों को
धर्म के नाम ले
सियासत की बिसात पर चलते रहे चाल,

वे क्या जानेंगे इन्सान और उसकी पीड़ा
जो इस पूरी दुनिया को एक ख़ूबसूरत स्वर्ग में
बदलने के लिए पैदा हुए थे,

आज बाबियान के मरुथल में घूम रहे प्रेतों से
पूछते हैं लक्ष्मीकान्त

यदि खुदा के नाम पर हरी भरी वादियाँ रेगिस्तान बन सकती हैं
तो क्या इन्सान की जगह स्वर्ग में नहीं है,
और फिर क्या "बाग़े अरम" का वह चौखट टूटेगा
जिसे ख़ुद अपने को खुदा कहने वाला,
अपने ही द्वारा निर्मित स्वर्ग
देखने से वंचित रहा।
वे जो बुत शिकन है
क्या इसका अर्थ बता सकते हैं?

❋❋

अट्ठावन

लक्ष्मीकान्त को उनके उस्ताद
हाजी अब्दुल अज़ीज़ ने यही बताया था
हर इन्सान में खुदा का जलवा देखो
हर इन्सान में वह तुम्हें मिलेगा,
ग़रीब की तंगदस्ती में हौसले,
अमीर की आँखों में गरीब परवर
हुसन के हल्के में रोशनी,
और मुफलिस की झोली में रोटी,
वह हर इन्सान में तुम्हें मिलेगा।

पर यह क्या हुआ कि आज हर इन्सान को
खुदा ही से अलग कर रहे हैं लोग
और इस क़त्ले-आम में कौन मर रहा है?
क्या काफ़िर? क्या शैतान? क्या इन्सान?
या खुद खुदा ही को कत्ल कर रहे हैं लोग...?
पूछते हैं लक्ष्मीकान्त—
कहाँ है वह इन्सान जिसे हाजी अब्दुल अज़ीज़ ने
हमें शेख़ सादी के साथ एक अमानत के रूप में
दिया था और कहा था,
"खुदा और कहीं नहीं हर गरीब-दिल इन्सान के दिल में
मुफलिस के आँसू में,
तंवगर की झोली में,
मजबूर की दुआओं में,
मरीज को शफकत में,
क्षमा करना उस्ताद,
आज तुम्हारी अमानत ही मुझ से छूट रही है।

वह जो हरी भरी घाटियों को
बियाबान में बदल रहे हैं,
और कोहे-तूर की रोशनी से भरी आँखों में
खौफ़नाक सपनों की दुनिया उगा रहे हैं,
बच्चों से उनके माँ बाप छीन रहे हैं,
माँ बाप से बच्चे छीन रहे हैं,

आसमान में कोहराम और जमीन पर
जहर की फ़सल उगा रहे हैं,
और हर रोशनी को अँधेरं में दफ़न कर रहे हैं,
हर खुरुर को बेहोशी,
और हर बेहोशी को मौत में बदल रहे हैं,

और अपनी बदहवासी में शोलों से नहा रहे हैं
उन सब में ढूँढ रहे हैं
लक्ष्मीकान्त उस इन्सान को
जिसे विरासत में सौंपा था उस्ताद ने उनकी पीढ़ी को
आज उस इन्सान की तस्वीर ही खो गई है।

वही तो है लुंज-पुंज अपाहिज,
खुले आसमान के नीचे
ख़मोश उदास मौत के पहरे में
आखिरी साँस गिनता।
दी हुई अमानत यो हक़ीकत!

❋❋

उन्सठ

कहाँ रुकेगी तुम्हारी कलम लक्ष्मीकान्त?
आज के विषाक्त वातावरण में
क्या तुम वह सब कर पाओगे जो—
आज के दकियानूसी किताबी संस्कृति चाहती है?

किताब तो सहज सह यात्री होतो है बन्धु
हाथ पैर बाँध कर इन्सान को जानवर
में बदलने वाली किताब संसार में कोई भी नहीं,
स्वप्न और दुःस्वप्न के बीच जिन्दगी जी जाती है,
हर साँस इसी के बीच जीवन देती है,

वे कहते हैं गांधार राग निकाल दो
वे कहते हैं साज़ को बदल दो पर्दों की आवाज में
इन्सान इबादत नहीं कर सकता,
वे कहते हैं गंधर्व-लोक बदल दो यह विदेशी है
वे कहते हैं राग चमन भारतीय नहीं है,
और संगीत वर्जित है,
अब तुम्हीं बताओ लक्ष्मीकान्त
कहाँ ले जायँ सदारंग के छोटे ख्याल को,
ध्रुपद के पदों में कैसे जहर घोलें, डागर बन्धु
कैसे रवाब और चंग और साजि और ढाढ के
ताने बाने में ले आयें नाकूस की गूँज
कहा ले जाँय मियां की टोड़ों और मियाँ की मल्हार को
कैसे बदले बिस्मिल्लाह की शहनाई और
हनुमान की वंदना गाते हुए बन्दे खाँ की लेंद गायकी?

दुनिया की मूर्तिकला से गायब नहीं होगी गाँधार शैली

और न ही महाभारत से निर्वासित होगी गांधारी,
तुम लाख कोशिश करो, बाबियान की बुद्ध की मूर्तियों
का कब्रिस्तान न बनाओ, बुद्ध की जड़ें पाताल तक फैली हैं,
तुम नहीं समझोगे कि तुम्हारे पूर्वजों ने बाबियान के रास्ते
जो क्षमता संस्कृति का बनाया था पाथेय और
डाली थी पत्थरों में जान वह महत्त्व की नहीं
इन्सानियत का शिला लेख था, है, और रहेगा,
और लक्ष्मीकान्त के कलम की रवानगी के
हज़ार कल्ले फूटेंगे, हज़ार राग और स्वर गूजेंगे।

❋❋

साठ

कभी कभी लक्ष्मीकान्त को लगता है कि—
जीने और मरने की आजादी जहाँ हम हैं
वहीं आने वाली पीढ़ी से भी यह पूछना लाज़िम
हो जाता है कि तुम जन्म से पहले ही मरना चाहते हो
या जन्म लेने के बाद!

आज़ादी जब इस सीमा तक पहुँच जाय
तो सोचना पड़ेगा कि जन्म और मरण का भी
कोई विकल्प हो सकता है, या नहीं?

अवतार और पुनर्जन्म में यही अन्तर है
अवतार में स्वेच्छा है,
पुनर्जन्म में विवशता है,
अवतारी मरता नहीं,
वह एक धाम से दूसरे धाम को
हँसता बोलता चला जाता है,
मौत में स्वेच्छा नहीं
पुनर्जन्म मर्त की हताशा की
एक धुँधली संभावना है
पर वह एक धाम से दूसरे धाम तक जाना
हँसता बोलता विकल्प नहीं है।

इसीलिए आने वाली पीढ़ी से
लाज़िम है यह पूछना,
कि वह जन्म से पहले ही
मर जाना पसंद करती है
या जन्म के बाद!

यह बात अलग है कि यह पूछना कठिन है
पर यह भी तो कठिन ही नहीं अन्याय है
कि बिना उसकी सहमति के
उसे आतंक-वादी की संतान
या आतंक-वाद के विरोध में
किसी अनदेखे शहीद की
संतान बना दिया जाय,

इसीलिए लाजिम है उससे पूछना
कि वह जन्म के पहले या जन्म के बाद
मरना चाहता है।

❊❊

इक्सठ

नहीं जानते लक्ष्मीकान्त
इस पिंजरे की मैना—
कब और किस दिन उड़ जायेगी,
और यादगार रहेगा केवल एक ठाठर
जिसे कहते हैं मिट्टी,
और जिस मिट्टी को सभी चाहते हैं,
अकारथ न जाय—
पूरी की पूरी स्वारथ हो जाय।

लेकिन मिट्टी चाहे स्वारथ हो या अकारथ
उसे सब पूजते हैं,
भूल जाते हैं मैना जो कभी
इस ठाठर में बोलती थी
और जिसकी आवाज़
आज भी लोग चाहे अनचाहे मन से
सुना करते हैं।

पीढ़ी दर पीढ़ी—
पुश्त दर पुश्त
यह ठाठर भले ही पूजा जाय
इसे कह दिया जाय पिण्ड,
भले ही पिण्डदान से पाले संतुष्टि
पर वह जो थी इस ठाठर की मैना
काल और कविता को लाँघ कर
बार-बार कहती है,
मैं ही हूँ तुम्हारी पुरोगाथा—

और तुम सब सिर्फ मेरी आवाज हो,

मैं जानती हूँ
तुम मेरी आवाज नहीं सुन पाओगे
पर याद रखो—
मिट्‌टी तभी स्वारथ हो पायेगी
जब मेरी आवाज तुम तक पहुँचने में
समर्थ होगी!

लक्ष्मीकान्त को लगता है,
शायद मैना को नहीं मालूम
कि हर ठाठर पूजने वाला
पहले आवाज को ही ख़त्म करता है,
ताकि वह पूरी नसल को
गूँगा और अन्धा, और बहरा बनाकर
केवल ठाठर पर अन्ध विश्वास पैदा कर सके,
और मैना का मोहजाल छोड़ कर
केवल ठाठर का सत्य परोस सकें!

कौन सुनेगा लक्ष्मीकान्त की बात
कि ठाठर केवल माध्यम है
मैना निरापद सत्य,
यहाँ तक कि वह माध्यम का भी नहीं
केवल अपना निजी सत्य ही होगा!

❄❄

बासठ

पहले हम सब गूँगे थे,
पहले हम इशारों और मुद्राओं में
बात करते थे,
फिर गूँगों ने ही ईजाद की
"गूँ" गाँ " "हाँ" "न"
और तब बनी भाषा—
संवेदना की वाहक आवाज़।

और संसार के सारे गूँगे हो गये वाचाल
ऐसे में वह जो आज भी
"गूँगों" के षड्यंत्र को नहीं समझ सकें
कहलाते हैं गूँगे और बहरे
क्योंकि इशारों, संकेतों, मुद्राओं
के अर्थ हम भूल गये,
और भूले हुए प्रतीकों, बिम्बों
मुद्राओं की व्याख्या कर
वाचालों ने शास्त्र बना डाला,
प्रतीकों को पूजा से
मुद्राओं को नृत्य से
स्वरों को संगीत से
और शब्दों को मंत्रों से जोड़ कर
सबकी पूजा करने लगे,
और इस तरह वह जो वाचालों के
इस षड्यंत्र को नहीं समझ सकें
वह आज भी गूँगे हैं,

और वे जो वाचाल थे हो गये पण्डित,
शास्त्री : विद्वान और बढ़ते हुए गूँगों का समाज
उनको पूजने लगा।

कहते हैं लक्ष्मीकान्त
क्या अब गूँगे के सामने
कोई और विकल्प है?

❋❋

तिरसठ

कितने शोक-गीत लिखें लक्ष्मीकान्त?
हर क्षण जब दुर्घटनाओं की गोद में ही
जन्म लेता है तो किसका मनायें जन्मोत्सव
और किसका लिखे शोक-गीत
हर दुर्घटना-पूर्ण क्षण पर
उनकी आँखें जड़ हो जाती हैं,
आँसू आते भी हैं तो
उस क्षण के साथ बच जाते हैं
पता नहीं ऐसे क्षण को जन्म के उत्स का
आभार कहें,
या उस क्षण की निरीहता पर
दुर्घटना से बचने का अवसाद?
दोनों में अन्तर नहीं कर पाते लक्ष्मीकान्त

शक्ति-शालीक्षण की मृत्यु
और निरीहक्षण की विवशताओं के बीच से
निकल आने पर
जीवन की अर्थ हीनता में
कोई अन्तर नहीं देख पाते लक्ष्मीकान्त

क्या करें?
शक्ति-शालीक्षण के संघर्षरत मृत्यु पर
खुशियाँ मनायें?

और निरोह रिरियाते क्षण के
निरन्तर रिरियाते जीवन पर

उत्सव गीत लिखें,
लक्ष्मीकान्त के लिए नहीं है यह मोहावरा
''कभी खुशी कभी गम''
वह तो शोक गीत लिखते लिखते
न खुशी न गम को स्थिति तक
अनासक्त निरासक्त हो रहे हैं!

❋❋

चौंसठ

झूठ बोलते बोलते थक गये हैं : लक्ष्मीकान्त
सभी कुशल क्षेम पूछते हैं,
किस से कहूँ यह दोनों शब्द
पुरातत्व के हवाले हो गये हैं,
यहाँ तक कि जीवन में कुशलता मिली नहीं
और क्षेम तो गीता के साथ जुड़ कर निरर्थक हो गया है,
''कुशलम् क्षेमम् भारम् वहम्'' के अर्थ में
दोनों ही शब्द भार बन गये हैं।
आज इन शब्दों के पचड़े से निकलने के लिए
कह देते हैं लक्ष्मीकान्त ''सब कृपा है''
पर पूछने पर बताते नहीं ''किस की कृपा''

वैसे बहुत अस्वस्थ नहीं हैं लक्ष्मीकान्त
केवल झूठ बोलते बोलते थक गये हैं,
और शिष्टाचार वश शेष जीवन
थकान में ही बिता देंगे,
कभी कहेंगे नहीं कि बीमार नहीं
महज झूठ बोलते बोलते थक गये हैं!

पिता से कहा कि वह उनकी नालायक संतान है
माँ से कहा वह वकील होंगे,
पत्नी से कहा वह संसार की महानतम सुन्दरी है,
बेटों से कहा उनकी माँ कौशल्या सी हैं,
सब से झूठ बोले ताकि तमाम अभावों के बीच
उनका आत्म-विश्वास न टूटे
बेटों से झूठ बोले कि वह जीनियस हैं

उनका अनुसरण न करें,
घर परिवार में नेक इन्सान की छवि बनाये,
बेटियों से झूठ बोले कि वह एक अच्छी
बीबी, बहू, और माँ बने,
बहुओं से झूठ बोले ताकि वह
अपनी सास के प्रति वफ़ादर बनी रहें,
और घर एक स्वर्ग सा दिखने लगे।

मित्रों से झूठ बोले ताकि उनकी जिज्ञासा
और मेरी विद्वता का भ्रम बना रहे,
वह यही जाने कि मुझे साहित्य से
कुछ नहीं लेना देना और उनका कोतूहल ''सेविन टाईम्स आफ एम्बिगूटो''
की निर्थकता के आगे न बढ़े,
कभी जान न पायें कि उनकी अपनी रुचि
दर्शन-शास्त्र और सौन्दर्य शास्त्र में ज्यादा है,

स्वयम् अपने आप से झूठ बोले,
कि एकेडिमिक डिग्रियों में कुछ नहीं धरा,
असली चीज है सत्य की खोज

और देखिए कि लक्ष्मीकान्त के
हर झूठ को लोगों ने सच माना,
और इस तरह जब इन झूठों के आधार पर
एक साम्राज्य के अनेक
उपनिवेश बस गये
और स्वयम् उनके
एक छत्र सम्राट बनने का समय आया
तब लक्ष्मीकान्त कहते हैं,
झूठ बोलते बोलते थक गये हैं,
फिर भी किसी ने नहीं पूछा

कि सच बताओ लक्ष्मीकान्त
तुम दीर्घ आयु की जर्जरता से थके हो
या झूठ बोलते बोलते थक गये हो!

थके हुए लक्ष्मीकान्त के सामने
उनका झूठ का साम्राज्य इसी तरह
चलता रहे
यही उनकी कामना है।

❄❄

पैंसठ

जानते हैं लक्ष्मीकान्त
कि उनकी बात कोई नहीं सुनेगा,
फिर भी वह अपनी बात कहते जा रहे हैं,
क्योंकि वह बात की बात से ज्यादा महत्व पूर्ण
अपनी बात मानते हैं।
वह मानते हैं कि वह एक सामाजिक प्राणी हैं
और हर सामाजिक प्राणी का एक अपना सत्य
भी होता है और अपना सत्य भी
सामाजिक सत्य होता है।
इसलिए वह अपने और समाज के बीच
किसी दूसरे सत्य का प्रक्षेपण नहीं चाहते!

उस फूल-उद्यान का अपना क्या होगा
जिसकी हर कली पर पहरा बैठा हो,
और उस फूल से कौन सा बाग शोभित होगा,
जिस खुली हवा में झूमने, तैरने, महकने
और लहालोट होकर ज़मीन तक लौट जाने की
आजादी न हो?

गमलों में वट-वृक्ष और
तशतरियों में शाल-बन,
और परात में समुद्र और
एक चमचे में मान-सरोवर
उस कुबड़ी संस्कृति की देन है
जिस में रुग्ण मानसिकता की असमर्थता
हमेशा एक ''हंच-मैन'' की दुनिया
बसाना चाहता है!

कटे छँटे समाज में दैत्य जन्मते हैं,
खुली वनस्थली में लवकुश पलते हैं,
हम जो युग के हैं वाल्मीक और व्यास
किसी के भी अश्वमेध के घोड़े को
कहीं भी रुकवा सकते हैं,
और क्योंकि हम अपने और समाज के बीच
किसी और को नहीं चाहते!
लक्ष्मीकान्त का अपना सत्य है
उनकी निर्ममता भी उनका सत्य है
इसलिए—"उन की बात" अपनी बात है
और दूसरों की बात "बात की बात" है।

❋❋

छाछठ

सत्य की खोज में निकलते ही
उस निर्जन वन में एक वृद्धा मिली,
सिरपर गठरी का बोझ थकान में
डूबी काँपती हाँफती,
किसी राह चलते युवक ने कहा
"यह बोझ हमें दे दो"
वृद्धा ने एक बार उसे देखा
झिड़कती हुई बोली :
"चलो हटो—
            अपने पुत्रों का बोझ मैं
            स्वयम् वहन करूँगी।"
लक्ष्मीकान्त हत प्रभ थे।
पूछने वाला कोई और नहीं कर्ण था।
पराजित खड़ा खड़ा सोच रहा था
काश कोई युधिष्ठिर होता और कहता सूर्य से
"पिता! बहुत तप चुके। अब तपना बंद करो।"

कौन जानेगा लक्ष्मीकान्त की पीड़ा
जहाँ सत्य की खोज के पहले चरण में ही
इतने बड़े असत्य से जूझना पड़े।

❋❋

सरसठ

वे जो अंधा युग का सत्य देखने आये थे
वे सब के सब प्रकाश पर्व के दृष्टा नहीं,
प्रकाश पर्व के अन्धे थे,
वे न तो जन्मांध थे औन न किसी जन्मांध
की संतान ही थे,
वे सब के सब प्रकाश-पर्व के अन्धे थे।

वे देखना चाहते थे अन्धा युग का अन्धकार,
क्योंकि वे प्रकाश-पर्व के साक्ष्य में
दृष्टि हीन हो गये थे,
वे कहते थे कि प्रकाश पर्व का अंत यदि अन्धापन है
तो अन्धा युग का अंत क्या होगा?

प्रकाश-पर्व अन्धों का विश्वास था कि—
अन्धा युग का अन्त प्रकाश में होगा।
और उन्हें शायद अपनी अपनी खोई दृष्टि
एक बार फिर मिल जायेगी।

लेकिन वे अन्धा युग का अन्त नहीं देख सकें—
क्योंकि जन्मांध और आँख पर पट्टी बाँध कर
जीने वालों को दावाग्नि को विकराल लपटों
के रौद्र प्रकाश में जलना पड़ा,
और प्रकाश-पर्व के अन्धों ने जब अन्धा युग के बचे खुचे एक मात्र
निर्मम और निरहंकारी दृष्टा से पूछा
तो वह अपनी वाणी खो चुका था।

उन्होंने मुड़ कर भी कुछ नहीं देखा। लगा वहाँ कोई नहीं था।

बार बार एक कुत्ते के भूँकने की आवाज
ही सुनाई दे रही थी
वे सब सोच रहे थे—
क्या अन्धा युग का अन्त गूँगेपन में होगा?
और केवल कुत्तों की आवाज सुनाई देगी?
वे सब प्रकाश-पर्व के अन्धे थे
वे समझते थे इसका अन्त प्रकाश
में होगा,
वे नहीं समझ पाये उस कुत्ते का महत्त्व।

कहते हैं लक्ष्मीकान्त—
("यह कुत्ता धर्मराज का है")
"नरो वा कुंजरों" का अर्ध-सत्य
कहने के बाद से धर्मराज मौन हैं,
किन्तु उनका यह कुत्ता अंधा युग के सृष्टा से
भूँक भूँक कर पूछ रहा है
"मैं कौन हूँ? नरो" व "कुंजरो"
और तब से कुत्ते की आवाज गूँज रही है।
और जनता उस कुत्ते को ही
धर्म समझ रही है।

❄❄

अरसठ

सब के सब मौन थे,
कोई किसी से बोल नहीं रहा था,
लेकिन सब जानना चाहते थे कि—
वह कैसे सब के मन की बात
जान लेता है,

सहसा सब चौंक पड़े।
उसने भीड़ में खड़े एक मामूली इन्सान का
गला पकड़ा। बोला—
तू क्यों यह सोचता है कि मैं पागल हूँ
तुम सब लोग नाकारे हो
तुम अपनी अपनी तकदीर अपने हाथों
में देखते हो.......
याद रखो। हाथ पुरुषार्थी का होता है
और चेहरा नाकारे का।''

दूसरे ही क्षण वह पलटा
एक दम दूसरी छोर पर खड़े बाबू के
गाल पर एक चाँटा लगाया
चाँटे की आवाज सब सुन रहे थे
वह बोला : ''तेरा बच्चा नहीं तू बीमार है
अपना इलाज कर बच्चा ठीक हो जायगा।''

एक तीसरे की तरफ जब वह बढ़ा
तो उसने उस भविष्य वक्ता के
मुँह पर थूक दिया
भविष्य वक्ता घबरा गया, उसे देखता रहा।

भीड़ का तिलस्म जैसे टूट गया,
सब उस पर ढेले फेंकने लगे
सब कहते जा रहे थे सब का भविष्य
बताने वाले को खुद अपना भविष्य
नहीं मालूम था,
वह सब का भविष्य बताने वाला
आँखों में आँसू भरे सारे ढेले पत्थर
रोड़े कचरे सह रहा था।

कहते हैं लक्ष्मीकान्त भविष्य
कोई नहीं जानता क्योंकि
भविष्य होता ही नहीं
सब वर्तमान के ही ज्ञाता हैं।

सहसा जब सब चले गये
तो उसने कहा—''पेट का भविष्य नहीं होता
भूख भविष्य नहीं रोटी से मिटती है।''

❋❋

उन्हत्तर

दूरियों और मजबूरियों के बीच
विराम से खड़े लक्ष्मीकान्त सोच रहे हैं
शिकायत किससे करें क्योंकि वह मानते हैं
दूरियाँ का फासला न वह तय करते हैं
न समय, न फ़ासिले की पैमाईश
न समय की घड़ी,
मजबूरियों के बीच एक कदम की दूरी
सात समन्दर के फासले के बराबर हो जाती है,
और समय पहाड़ सा खड़ा हो जाता है,
किससे कहें कि मजबूरियों को दूर करे,
ताकि सात समन्दर एक सपाट घाटी में बदल जाय
और पहाड़ सा समय एक तिनके के समान
हवा में उड़ जाय, और बीच रास्ते में
एक गहन अश्वत्थ वृक्ष की तरह खड़ा
उनका विराम सा व्यक्तित्व
अपने आप गतिशील हो जाय।

मजबूरियाँ भी अकेली नहीं होतीं
कभी संकल्प हीनता की मजबूरी होती है,
कभी आत्म-विश्वास की मजबूरी होती है,
कभी साहसातिरेक से उपजी थकान की होती है,
कभी दृष्टिहीनता की होती है,
कभी अनागत भविष्य की,
विराम से खड़े लक्ष्मीकान्त का अगला
अगला कदम ही बतायेगा
कि अभी तक उनकी मजबूरी किसकी थी?
और लक्ष्मीकान्त का गन्तव्य क्या था?

❋❋

सत्तर

कौन ऐसा अमीर ग़रीब है कि जिसका सरपरस्त
कोई सूदख़ोर सेठ या महाजन न हो,
लक्ष्मीकान्त भी किसी से कम नहीं,
उनके भी महाजन हैं सेठ हैं, बैंक न सही
प्रकाशक हैं, व्यवसायी हैं, सभी हैं,
लेकिन सब की संस्कृतियाँ अलग अलग हैं।
अपना कर्जा चुकाने जब महाजन के पास पहुँचे
तो मुनीम ने महाजन की श्रेष्ठता जमाने के लिए
बड़ी ऊँची आवाज में पढ़ा........
लक्ष्मीकान्त कच्ची बही सौ रुपये माल गिरवी
सौ रुपये माल, अमानत, सौ रुपये माल सूद......

''सेठ ने कहा'' माल गिरवी माल अमानत''
लक्ष्मीकान्त ने कहा सेठ नाराज न हो
हर ग़रीब पहले अपनी ''बुद्धि'' गिरवी रखता है
यह गिरवी ''बुद्धि'' ही तो अमानत है
और अमानत वापस नहीं होती,
जाकड़ पर दी जाती है अमानत,
और उस जाकड़ के लौटाने की साख पर ही
गरीब जीता है।''

लक्ष्मीकान्त महाजनी संस्कृति के इस सत्य को जानते हैं
हर महाजन पहले बुद्धि गिरवी रखता है और सूद
दर सूद लगा कर बुद्धि को अमानत बना देता है,
और बुद्धिमान जाकड़ की वापसी की बाट
जोहते जोहते मर जाता है।

❄❄

इक्हत्तर

लक्ष्मीकान्त जानते हैं
कि वह आज नहीं तो कल
मुठभेड़ में मारे जायेंगे,
लेकिन हो सकता है शरीर से
वह न रहें फिर भी वह
जिन्दा बच निकलेंगे।

तर्क जब गाली में बदलने लगे,
और गाली जब सैद्धान्तिक जिरह बख्तर पहन
सामने खड़ा हो,
और गाली के सिद्धान्त के घिसे पिटे
ख़ोलों में रखकर इस्तेमाल किया जाय
तो सामने वाले की हत्या आसान होती है।

वैसे इस तरह के मुठभेड़ों में
सैकड़ों बार मारे गये हैं लक्ष्मीकान्त,
पर इस बार मुठभेड़ में न गाली है,
न बुलेट के खाली खोखे,
न सामने वाला जिरा-बख्तर ही पहने है
क्योंकि सामने वाला आदमी नहीं,
वह एक रोबेट है
और ऐसे रोबेट हमेशा रिमोट द्वारा
नियंत्रित होते हैं
इसलिए लक्ष्मीकान्त जानते हैं
कि वह आज नहीं तो कल
मुठभेड़ में मारे जायेंगे।

बहत्तर

जब भी कहीं चर्चा होती है 'सोनारगढ़' की
लक्ष्मीकान्त की आँखों के सामने
शेष महल की सीढ़ियाँ से चढ़ती या उतरती
एक छाया दिखती है
श्वेत वस्त्र, बेलौस खुले केश मीनाक्षी बेचैन आँखें
आँसुओं से भीगी पलकें
होठों में कम्पन और एक गम्भीर मौन को बेधता
शुद्ध गाँधार के मुखड़े में उलझा स्वर
"तुम बिनश्याम"।

स्मृतियों के बन्धे जल में
सोनारगढ़ का जल-चित्र घुलता है,
एक मामूली हवा की लहर अब तक
हजारों सोनगढ़ को अपने में नहला चुकी है,
और हर बार स्मृति सरोवर में उभरता सोनारगढ़
अपना नया रूप लेकर प्रस्तुत होता है,
पर उसमें आत्मा नहीं होती,
उसमें स्पन्दन नहीं होता,
उसमें संवेदना नहीं होती

लेकिन 'कजरी बाई' तुम्हारी छवि?
क्या तुम सोनारगढ़ की आत्मा हो?
तुम कौन हो कजरी बाई?
क्या सोनारगढ़ की आत्मा में
पिरोई लक्ष्मीकान्त की अवसाद भरी यात्रा?
या कृष्ण की परछाईं से उपजी
एक निरीह काया?

❋❋

तिहत्तर

लक्ष्मीकान्त सोनारगढ़ की
उस श्वेताम्बरी छाया को "मानसी" नाम देना चाहते हैं—
वह जब तब उन्हें हर कहीं यहाँ वहाँ
अपने आप मिल जाती है।

उसे लक्ष्मीकान्त ने सोनारगढ़ में देखा—
वह सोनारगढ़ जिसका स्थल रूप कहीं नहीं है—
फिर वह भी जो कवि के मानस पटल पर
आँखों की बरौनियों से उकेरा गया छाया-चित्र है
और उस चित्र की आत्मा एक श्वेत छाया है
जिस का नाम है "कजरीबाई".....

फिर इस मानस पटल पर अवसाद भरी
नितान्त उदास छवि वाली यह प्रतिमा भी तो
लक्ष्मीकान्त के मानस-पटल पर
उन सप्त स्वर मण्डलों के बीच अपने आप
उसी प्रकार उभर कर आई है
जैसे यज्ञ के धूम से उपजी "कृष्णा" "पंचाली"?

कजरीबाई किसी पूर्ण आहुति की प्रक्रिया में
झिलमिली धुएँ की लकीर है
या किसी राग की अनुराग भरी वेदना?

वह "विरजा" या गंगा भी तो नहीं
जो शील से द्रवित हो
सोनारगढ़ के उतार चढ़ाव के साथ
बने बिगड़े, रूठे, मने,

कजरीबाई समस्त पूर्णता के बीच
एक समर्पित पूजा है?
जिसे लक्ष्मीकान्त हमेशा अपने
अनुष्ठानों, संकल्पों के बीच
पा लेते हैं, किसी भी राग अनुराग के बीच।

❋❋

चौहत्तर

कबीलों का वृद्ध सरदार
काफिलों के आगे चल रहा था।
उसकी परछाईं उसके पीछे पीछे
चलने वाले कबीले के लोग ढो रहे थे।
वह सरदार हैरान था।
वह चाहता था कि उसकी परछाईं
आगे आगे चले,
ताकि वह अपनी निजी परछाईं को
कबीले से अलग,थलग देख सके।

कभी कभी उसे आश्चर्य भी होता था,
कि उसकी परछाईं पीछे चलने वाले
सैकड़ों लोगों में क्यों बँट गई?
क्या वे सब जो उसके पीछे चल रहे हैं
उसकी परछाईं है?
एक परछाईं सैकड़ों परछाइंयों में
कैसे बँट गई?

उसने पीछे मुड़ कर देखा—
उसकी परछाईं तो कहीं नहीं थी
पर उसके पीछे सैकड़ों कबीले के लोग
चल रहे थे। इन्सान थे। अलग अलग
चेहरों वाले लोग।
उसे लगा क्या उसकी परछाईं को
पूरे कबीले के लोग
अपने कंधों पर लिये चल रहे हैं।

थोड़ी देर बाद उस वृद्ध सरदार ने
फिर मुड़ कर देखा तो लगा
उन सैकड़ों हज़ारों लोगों के पैरों तले
उसकी परछाईं थी—
और वे उसे कुचलते रौंदते
आगे बढ़ रहे थे।

क्षण भर के लिए उसे बुरा लगा,
फिर उसकी दृष्टि अपने पैर के नीचे
पड़ी हरी घास पर पड़ी,
उसके मन में आया कि इसी मिट्टी से
यह घास उगी है और उसी से वह उगा है
घास अपने को कृतार्थ समझ रही थी,
जाने कितनी पीढ़ियाँ उसे कुचल कर
इतिहास बन गई है। घास मग्न थी।
वृद्ध सरदार भी रोमांचित था
उसने खुदा का शुक्र अदा करते हुए कहा
हर बुजुर्ग को रौंद कर नयी पीढ़ी का उगना
ही वृद्ध को सार्थकता का बोध कराता है
वह भी ऐसे ही बढ़ा था।

कहते हैं लक्ष्मीकान्त,
वृद्ध सरदार चाहता तो पीछे आने वाली पीढ़ी को
अपने आगे चलने का आदेश दे सकता था
पर यह बुजुर्ग आने वाली पीढ़ी को रौंद कर
बढ़ता। शायद अग्रज को यह भूमिका पसंद नहीं थी
इसलिए हर जोखम से उसने लड़ने के लिए
अपने को घास की तरह उनका माथा नहीं
चरण चूमे। आशीर्वाद दिया।

❋❋

पचहत्तर

सुनो लक्ष्मीकान्त—
हर आवाज़ स्वर-मण्डल के
सप्त स्वरों में बँधी नहीं होती,
पंचम, धैवत और निषाद के बाद
एक अज्ञात स्थान से भी आवाज़ उठती है,
केवल उसी में एक तेज़ाबी जलन से विदग्ध
कंठ में रस पैदा करने की क्षमता होती है
और वहीं एक स्वर से दूसरे स्वर के बीच कई कोमल
विराम अर्द्धविराम को मानवीय बनाती है।

उनका न कोई ठाट होता है
और न वह किसी बंदिश में बँधती है,
वह ठाट और बन्दिश के परे होती है
जान और अनजान के बीच
जब प्रार्थना में बदलती है
तो बीज हँसते हैं पृथ्वी प्रसवा होती है
प्रकृति माँ होती है
और हमारा संगीत एक धूल भरे शिशु की
तुतलाहट होती है
और उस तुतलाहट में ही ईश्वर होता है।

❄❄

छिहत्तर

तुम कहते हो तो कह लो :
वह हमारा ''राष्ट्रपिता'' नहीं था,
तुम कह लो कि वह ''महापुरुष'' भी नहीं था
तुम कह लो कि वह शैतान की औलाद था
तुम कह लो कि वह सत्ता का दलाल था
तुम कह लो वह पूँजीपतियों का दोस्त था
तुम कह लो कि वह इतिहास का दुश्मन था

पर यह सब कहलेने के बाद
जब तुम अपने ही विष दंश से विक्षिप्त होकर
अपने ही शरीर को काट रहे होगे,
तो वह तुम्हारे साथ तुम्हारे विष को खुद पीकर
हज़म करने के लिए हाथ बढ़ायेगा।
और तुम आत्म-ग्लानि से मर चुके होगे।

उसने तुम्हें कभी कुछ नहीं कहा,
क्योंकि वह तुम्हारा दोस्त था,
वह तुम्हारे हर सशक्त और दुर्बल क्षण के
यथार्थ का मर्मज्ञ था,
वह एक सचेतन आवाज़ के साथ तुम्हारा
सत्ता अभाव हज़म कर लेगा
वह तुम्हारे प्रति हो रहे अन्याय के प्रति
आवाज़ उठायेगा,
वह किसी भी बर्बर अन्याय के विरुद्ध
अपने प्राणों की बाजी लगा देगा,
फिर भी वह एक ''लघु-मानव'' की संवेदनशीलता

के साथ तुम्हें उठायेगा
और तुम को लगेगा कि वह महात्मा है
और उसकी मामूली बाँस की लाठी केवल
लाठी नहीं—
आकाश और पृथ्वी के बीच
वह मानव आस्था का प्रकाश स्तम्भ है,
तुम्हें लगेगा वह अजातशत्रु है
तुम्हारी सभी गालियों को सुनने की
उसमें अजीब क्षमता है,
वह ''हाँ'' और ''न'' के बीच खड़ा एक प्रश्न चिह्न हैं
वह देश-विदेश के बीच खड़ा मानव-रेखा ही नहीं
एक सार्वजनिक सीमा रेखा का जीवित स्वरूप है।

उसकी दुर्बल दिखने वाली छाती में
तुम्हारी जहरीली गोलियों को पचा कर
''राम'' नाम में ढालने की क्षमता है।
वह हमारा तुम्हारा सब का
एक अनिवार्य अंग है,
उसके बिना हम बीसवीं सदी में पंगु होते
और आज केवल उच्छिष्ठ से जीते।

अपनी इक्यासवीं वर्ष गाँठ पर
मैं लक्ष्मीकान्त—
अपनी डबडबाई आँखें और
आर्द्र वाणी से,
उस महानात्मा को नमन करता हूँ।
आमीन!

❄❄

सतहत्तर

वह एक सामान्य से दिखने वाला आदमी था
पर उसकी बनावट असामान्य थी,
उसके पैरों में आँखें उगी थीं
और आँखें केवल अगला क़दम ही
देख पाती थीं
लेकिन उसकी असली आँखें अथाह नीले समुद्र
की गहराइयों में डूबी थीं
दिमाग़ में सदियों को लाँघ जाने की बेचैनी
वाणी में संकल्प और संकल्प में आपाद
आत्म-निष्ठ की भव्यता.......

फिर भी वह महात्मा नहीं था
और न ही हिमालय की बर्फीली चोटियों में
किसी एकान्त गुफ़ा में तपस्या की थी,
वह हमेशा सामान्य जनता के बीच
शोर गुल, मर्त-अमर्त सुख-दुख राग-अनुराग
की हर उतार पढ़ाव में धैर्य का साक्ष देता
एक निहायत ही सामान्य व्यक्ति था,
जब वह भीड़ से कतरा कर अलग चलना चाहता था
भीड़ उसके पीछे पीछे दौड़ती चलती थी,
और जब वह सबके साथ चलता था
तो भीड़ केवल उसके अजानुबाहु
की दीप्त हस्त-रेखायें और
पैरों में उगी आँखों की तलाश में
विक्षिप्त सी लगती थीं....
वह अर्द्ध-नग्न फ़कीर भी नहीं था
फिर भी वह सामान्य नहीं था.....

वह भीड़ का "लघुत्तम" स्वरूप तो था
पर उसके "महत्तम" सूक्ष्म मौन में
एक महात्मा की आध्यात्मिकता झलकती थी
पर वह महात्मा होते हुए, महात्मा नहीं था।

❋❋

अटहत्तर

तानिया के सामने उसके इकलौते बेटे की लाश थी,
जिन्होंने उसके बेटे को चाकुओं और भालों से
गोद कर मार डाला था तानिया उन्हें दुश्मन मानने से
इंकार कर रही थी,
तानिया अपने बेटे को भी इकलौता मानने के लिए
तैयार नहीं थी,
तानिया कहती थी कि इकलौता बेटा तो एक ही
पैदा हुआ था और उसका पिता स्वयम् खुदा था
मेरे तो सभी बेटे हैं,
जिसको मेरा इकलौता बेटा मानकर मेरे दूसरे बेटों ने
मार डाला है, वह भी मेरे ही बेटे हैं।
जो तानिया के इकलौते बेटे की लाश लेकर आये थे
परेशान थे। वह समझ नहीं पा रहे थे क्योंकि
जिन्होंने तानिया के बेटे की जान ली है
वह विदेशी आतंकी उसके दुश्मन थे,

वह जिन्होंने तानिया के इकलौते बेटे की हत्या की थी
वह भी पास की झाड़ियों में छिपे तानिया और
उसके हमदर्दों को उसी तरह मारने के लिए आये थे
तानिया के तर्क सुनकर हैरान थे।
वह समझ नहीं पा रहे थे कि जिसको उन्होंने तानिया का
इकलौता बेटा पहचान कर मारा था।
उसे उसकी माँ इकलौता मानने से इंकार क्यों रही है।

तानिया की आँखों में आँसू नहीं थे।
वह बार बार धीरज के साथ कह रही थी :
''जब से ख़ुदा के इकलौते बेटे को इन्सान ने

क्रूस पर चढ़ायाहै तब से कोई दूसरा इकलौता बेटा
न ख़ुदा ने पैदा किया, न इन्सान ने
क्योंकि ख़ुदा का इकलौता बेटा
क्रूस पर प्राण त्यागने के बाद
पुनर्भावित हो सकता है,
पर इन्सान उस प्रभु कृपा से
वंचित कर दिया गया है।''

तानिया की बातें क्षितिज से टकरा कर
बार-बार वापस हो रही थीं,
और तानिया के इकलौते बेटे की लाश
की एक तरफ उसके मित्र थे
और दूसरी तरफ वे आतंकी थे जिन्होंने
उसके इकलौते बेटे को पहचान कर मारा था,
दोनों अवाक् से खड़े थे।

तानिया इतना कहने के बाद अंधी
और बहरी हो चुकी थी
फिर भी उसने दोनों से कहा :
''तुम दोनों इस लाश को अपने कंधों पर उठाओ
और पास की कब्र गाह में दफ़न कर दो
और उस पर महज़ यह लिखा दो
''यह एक इन्सान का बेटा था जिसे
दुश्मन ने पहचान कर मारा था
यह पुनर्भावित नहीं होगा।''

❋❋

उन्यासी

तान्या अंधी और बहरी थी,
फिर भी आतंकियों से घिरी थी
तान्या कह रही थी, : "मेरा कोई दुश्मन नहीं,
मैं तुम सब की माँ हूँ,
पर तुम्हारे इस वहशियाने हमले के बाद
मेरी बची खुची जबान भी बंद हो जायेगी।"

आतंकी क्षण भर के लिए सन्न खड़े रहे,
एक दूसरे का चेहरा देखते रहे,
उन्हें याद आया उनका उद्देश्य केवल मारना नहीं है
उनका लक्ष्य दुश्मन के रक्त में अपने रक्त
का बीजारोपण करना है।

और वे सबके सब उस पर साथ टूट पड़े
तान्या की मुट्ठियाँ भिंचीं, आँखें पथरा गईं
और जब तक वे उठें उठें
उन्होंने देखा तान्या की ज़बान
कट कर गिर चुकी थी
तान्या छटपटा रही थी
उस मरुभूमि में-कोई अंजीर का पत्ता
जाने कहाँ से आया,
और उसने उसे ढँक लिया।

पूछते हैं लक्ष्मीकान्त
ओ राजा ओडिपियस
तुम तो बहुत दिन बाद अन्धे हुए थे

और वह तो तुमने प्रायश्चित में अपनी आँखें
फोड़ ली थी,

ये जो अभी अभी इस मरुभूमि पर
थूकते थूकते निकल गये हैं
यह कब अन्धे होंगे?

❋❋

अस्सी

एक दिन आयेगा जब इस युद्ध-भूमि में कोई नहीं होगा,
चारों ओर तोड़ी गई बुद्ध की मूर्तियों के सिर
कुकुरमुत्ते की छतरी के समान फैले होंगे
दूर दूर तक केवल सन्नाटा साँय साँय करता होगा,
कहीं भी रेत के टीले तक नहीं होंगे
किन्तु रात में इस 'बाबियान' पहाड़ की कन्दराओं से
कुछ अपंग, लुंज-पुंज, नपुंसक बलात्कारियों का
काफ़िला उतरेगा चारों ओर अपनी आँखें फाड़ फाड़ कर देखेगा
तब वह शत्रु के रक्त में अपना रक्त बीज मिलाने वाला
बलात्कारी नहीं होगा, क्योंकि तब तक वह नपुंसक हो चुका होगा,
किन्तु पूर्व के कुकृत्य के अंधकार में दोगली नसल के
बच्चों में आँखें डाल कर उसमें अपनी पहचान ढूँढने
का नितान्त असफल प्रयास करेगा।

कहते हैं लक्ष्मीकान्त यही होगा
क्योंकि हर बलात्कारी नपुंसक होने के बाद
उस दोगली नसल में किसी न किसी को
अपनी संतान के रूप में देखना चाहेगा।

शायद उन्हें नहीं मालूम
सामूहिक दोगली नसल में मर्द, औरत, होंगे
पर बेटे बेटियाँ नहीं होंगे।

और जब वे सामूहिक रुदन करते होंगे
तो उनकी चीख़ सुनकर
उन्हीं पहाड़ी गुफाओं से कुछ नव-जवान, किशोर बच्चे

उतरेंगे.....वे उन चीखने वालों को पहचानने की
कोशिश करेंगे.....''शायद उनमें कोई पिता कहलाने
लायक़ हो।''
पर कहते हैं कि सामूहिक बलात्कारियों के झुण्ड में
कोई पिता नहीं होता,
वे केवल नपुंसकता, रुग्ण होकर सड़ कर मरने वाले
पशु का प्रारब्ध लेकर जन्म लेते हैं,
फिर वही सन्नाटा वही अंधकार
पहाड़ों गुफाओं से गूँजती हुई आवाज़
''ये तुम सब की मातायें हैं.....
इनकी आँखें पथरा गई हैं,
इनके कान बहरे हो गये हैं
इनकी ज़बानें कट कर गिर गई हैं
और यह केवल ''राजा ओडियख'' जैसों की
पत्नी भी है और माँ भी
लेकिन यह तुम्हें नहीं पहचान सकती
क्योंकि यह सब कुछ खो चुकी हैं।

कहते हैं इसके बाद वह सरी छायायें
चली गईं और वह मरुथल,
यह आशा लेकर जीवित है—
कि किसी दिन बुद्ध की मूर्तियों के कटे सिर
फिर जागेंगे और हजारों बौद्ध भिक्षु
धम्मम् शरणम् गच्छामि,
संघम शरणम् गच्छामि से
सारा पहाड़ गूँजेगा
और सब को निर्वाण मिलेगा।

❄❄

इक्यासी

प्रार्थना रत हैं लक्ष्मीकान्त
उन सब के लिए—
जो सारी क्रान्तियों के बाद भी
वंचित हैं मानव-अधिकारों से;
उनके लिए भी
जो अपने पिता पितामह द्वारा
किये गये कर्मों का परिणाम
भुगतने के लिए अभिशप्त हैं;
करते हैं प्रार्थना लक्ष्मीकान्त
उस सब के लिए भी—
जो शहादत का जशन मनाते मनाते
बिना कुछ किये अपनी अपनी जगह
तलाशने में लगे हैं,
और उनके लिए भी
जो नहीं जानते कि उनका
गुनाह क्या है? फिर भी
गुनाहगारों को सूची में उनका नाम
सब से ऊपर लिख दिया गया है,
प्रार्थनारत हैं लक्ष्मीकान्त
उन सारे बच्चों के लिए, जो—
आतंकवादियों द्वारा
वैसे ही यतीम और अनाथ से छोड़ दिये गये हैं
जैसे आतंक विरोधियों के अभियान चलाने वालों ने
अनेक यतीम और लावारिस बच्चे छोड़ दिये हैं
और वह अपंग, गूँगे अपाहिज से जिन्दा हैं
उन बर्फ से ढँकी चोटियों पर, घाटियों में
बियाबान ऊसरों में गुफाओं में,

क्योंकि उनमें आतंवादी रक्त बीज हैं;
प्रार्थना-रत है लक्ष्मीकान्त
उन सबके लिये
दोस्ती और दुश्मनी से अलग
महज़ इन्सान के बच्चे होने के नाते
अनेक मौतों के बाद भी
संवेत स्वर में खड़े चीख़ रहे हैं;
प्रार्थना-रत हैं लक्ष्मीकान्त
अपने और अपनी आत्मा के लिए
ताकि हर नये संकट के समय
सच कहने में डरे नहीं
और झूठ उन्हें डसे नहीं,
प्रार्थना-रत है लक्ष्मीकान्त
उन सब के लिए जो हर पीड़ित के लिए मरे
और अपने सुख एक हिस्सा
बाँट दिया दूसरों के दुख के लिए
और अन्त में
उन सब के लिए
जो दूसरों के सपनों को
अपने रक्त से रंगने में थकते नहीं!